I0693634

LES CRAPAUDS FOUS

THIERRY CROUZET

LES CRAPAUDS FOUS

DU MÊME AUTEUR

One Minute, roman, 2017
Résistants, roman, 2017
Mon revenu de base, essai, 2016
La Mécanique du texte, essai, 2015
Clitoria, roman, 2014
Ératosthène, roman, 2014
Le Geste qui sauve, récit, 2014
La Quatrième Théorie, roman, 2013
Baby-foot, récits, 2012
J'ai débranché, récit, 2012
Ya Basta, essai, 2011
La Stratégie du cyborg, essai, 2010
J'ai eu l'idée, récit, 2010
La Tune dans le caniveau, nouvelles, 2010
L'Alternative nomade, essai, 2010
Le Cinquième Pouvoir, essai, 2007
Le Peuple des Connecteurs, essai, 2006

tcrouzet.com

(cc) by-nc-nd, 2009-20017, Thaulk & Thierry Crouzet

Project

Ce livre n'a jamais été achevé, il ne le sera jamais. C'est une ébauche écrite en avril et mai 2009, imprécise, une sorte d'esquisse maladroite et confuse. Voyez-la comme un prélude à *L'alternative nomade* et à *Ératosthène*. Je l'autopublie en licence Creative Commons BY-NC-SA version 4.0 ou ultérieures (pas d'utilisation commerciale, partage dans les mêmes conditions). Vous pouvez copier le texte et de le distribuer gratuitement. Si vous avez obtenu ce texte gratuitement et désirez me remercier, achetez le texte en librairie.

Les crapauds fous

Demandez à un crapaud ce que c'est que la beauté: il vous répondra que c'est sa crapaude avec deux gros yeux ronds sortant de sa petite tête... Interrogez le diable il vous dira que le beau est une paire de cornes, quatre griffes et une queue.

Voltaire

1

Au cœur de l'Angleterre, à quelques kilomètres au nord-est de Nottingham, le village d'Oxton égraine ses maisons opulentes dans un paysage de bocages et de bois parsemés d'étangs peu profonds. Dans cette campagne riante, on retrouve par endroits les vestiges de l'ancienne forêt de Sherwood, havre de Robin des bois et de créatures fantasmagoriques. Parmi elles, des crapauds jaune-gris, dits *Bufo bufo* ou crapauds communs.

Au mois de mars, quand les nuits s'adoucissent, ils s'éveillent de leur somnolence hivernale. Ils s'ébrouent, dégagent la terre et les feuilles mortes qui les recouvrent et lancent leurs premiers croassements de l'année. Une soudaine envie d'aimer les emporte. Ils n'ont d'autres désirs que de regagner leur mare natale qu'ils reconnaîtront à la composition chimique de l'eau. Ils bondissent droit à travers champs, les ventres des femelles tout aussi bombés que ceux des jumbo-jets. Ils atterrissent par rebonds maladroits, nagent s'il le faut, croisent des routes, leurs yeux imbéciles indifférents aux voitures et aux camions qui les déchiquettent par centaines.

Margaret Cooper, une retraitée pétillante, a décidé de lutter contre ce carnage. Chaque printemps, subventionnée par un brasseur local, aidée de volontaires, elle ferme à la circulation Beanford Lane, lieu de transhumance préféré des crapauds. Poussés par l'urgence de se reproduire, les batraciens poursuivent ainsi sans encombre leur migration jusqu'aux étangs situés plus au nord. Les mâles montrent alors tant d'enthousiasme qu'ils sautent sur tout ce qui bouge, même les carpes. Quand ils coincent un autre mâle, un croassement les avertit qu'ils se trompent de cible. Les femelles une fois délivrées de leurs œufs, toujours courtisées par les mâles insatiables, finissent par comprendre que le croassement les libère des étreintes.

Quelques semaines après, des têtards envahissent les étangs, puis ils mutent en crapauds et commencent à quitter leur lieu de naissance à la recherche de nourriture. À l'automne, chacun, au hasard de ses pérégrinations, s'abrite pour affronter les grands froids. Les crapauds plus âgés, très casaniers, regagnent leur villégiature de l'hiver précédent. Moins aveuglés par le désir qu'au printemps, ils suivent des chemins moins fréquentés et plus tortueux, ce qui évite un nouveau carnage.

Mais que se passerait-il si la circulation n'était pas interrompue lors de la migration amoureuse ? Si chaque année une bonne partie des crapauds succombait, la colonie serait vite exterminée. Le crapaud incapable de changer ses habitudes, obsédé par le retour à sa mare natale, irait droit à la mort. Pire. Que se passerait-il si un paysan dressait un mur sur le chemin de la transhumance, ou si les étangs se retrouvaient asséchés ou soudain pollués ? La colonie serait tout simplement rayée de la carte en l'affaire d'une saison.

Vus sous cette perspective, les crapauds semblent bien fragiles. Pourtant ils sont de redoutables conquérants. Introduits en 1935 dans le nord de l'Australie pour se nourrir des insectes qui ravageaient les champs de cannes à sucre, les crapauds-buffles originaires d'Amérique du Sud n'ont cessé depuis d'étendre leur territoire au grand dam des agriculteurs. À force de courir les routes, ils finissent même par souffrir d'arthrite chronique, si bien que Richard Shine, de l'Université de Sydney, envisage de stimuler chez eux cette maladie pour juguler l'invasion.

Mais comment les crapauds gagnent-ils du terrain puisqu'ils retournent chaque année à leur mare d'origine ? C'est tout simplement qu'environ un dixième des mâles et des femelles ne se plient pas au rituel auquel obéit la majorité. Déboussolés, ou trop curieux, des vagabonds explorent d'autres directions, trouvent de nouveaux points d'eau et finissent par s'en satisfaire.

Souvent ces crapauds fous se perdent et succombent. Parfois, ils donnent naissance à une nouvelle colonie ou participe à la mixité génétique. Plus rarement, ils assurent la survie de leur espèce quand l'homme ou une catastrophe naturelle anéantissent leur colonie d'origine.

Sans ces crapauds fous, il n'y aurait tout simplement pas de crapauds. Certains serpents américains imitent les crapauds et la folie de quelques-uns assure la diversité et la vitalité de l'ensemble de l'espèce. Chez nous, Jésus Christ, parfois d'ailleurs appelé le crapaud de Nazareth, Christophe Colomb, Albert Einstein… sont autant de crapauds fous. En quittant les chemins stéréotypés, ils ont ouvert de nouvelles voies spirituelles, économiques, scientifiques… Les crapauds fous inventent l'avenir. Sans eux, nous nous cantonnerions à ce que nous connaissons.

Leur déviance congénitale, leur originalité, leur foi en d'autres possibles équivalent aux mutations qui, à un plus bas niveau du vivant, engendrent l'évolution biologique. La folie, ainsi appelée par opposition à la norme, est la première caractéristique évidente des crapauds fous. Loin d'être clinique, c'est une folie bien sûr positive et qu'on pourrait appeler curiosité, ingéniosité ou intrépidité.

Cette folie ne prend sens et date que dans des conditions particulières. Le désir de se reproduire met les crapauds en mouvement. La décadence du judaïsme favorisa l'émergence de Jésus. Les crises qui bouleversaient l'Europe du xve siècle poussèrent Christophe Colomb à un voyage *a priori* suicidaire. La folie ne s'exprime que dans un cadre favorable. Et malgré ce, le crapaud fou doit encore bénéficier d'une chance extraordinaire.

Sans tomber sur de nouvelles mares, les crapauds succombent. Si Jésus n'avait pas rencontré les apôtres, sa parole ne se serait pas propagée. Si Colomb n'avait pas trouvé par hasard l'Amérique, il se serait perdu en mer. Parmi les nombreux crapauds fous d'une société, la chance sourit qu'à ceux dont nous nous souvenons.

Plus que la chance, il manque autre chose aux crapauds anonymes, une chose pour forcer la chance. Sans sa nouvelle carte du monde, Colomb serait-il parti à l'aventure ? Sans cette carte, aurait-il trouvé son chemin pour regagner l'Europe ? Aurait-il réussi à persuader ses contemporains qu'il existe d'autres terres à l'ouest ? La carte n'est-elle pas indispensable pour donner cohérence à l'expérience du crapaud fou ?

Une fois révélée, la carte n'est-elle pas capable de réveiller le crapaud fou qui sommeille en chacun de nous ? N'est-elle pas capable de conjuguer nos folies respectives et nous faire entrevoir la possibilité d'une nouvelle civilisation ? À travers les aventures de quelques crapauds fous, connus ou inconnus, je voudrais répondre à ces questions alors même que depuis quelques années nous découvrons de nouvelles cartes jadis inimaginables : d'un côté celle des connaissances grâce au Web, d'un autre celle du graphe social grâce aux réseaux sociaux.

Une fois que nous avons compris ces cartes, nous ne pouvons plus vivre comme avant et nous devenons des crapauds fous. Consommer bio et local avec frugalité, c'est folie pour le capitalisme. Gagner moins, c'est folie au regard des plans de carrière traditionnels. Agir par soi-même, c'est folie dans une démocratie représentative où tout se décide en haut. Pressés par les crises écologiques, climatiques, économiques, sociales, spirituelles, nous sommes peut-être en train d'assister à la rencontre extraordinaire entre des folies jusqu'alors disparates.

Une nouvelle métaphore animale s'impose. Les écureuils ont l'habitude d'enterrer les glands qu'ils récoltent. Comme ils oublient souvent où ils les ont cachés, les glands germent et de nouveaux chênes poussent. Ainsi les forêts de chênes se seraient répandues de proche en proche, grâce à une symbiose avec les écureuils. Moralité, lorsque des gestes minuscules s'accumulent, ils changent le monde. Nos folies respectives, une fois réveillées par les nouvelles cartes, n'ont pas besoin de tendre vers la démence pour que nous inventions un nouvel art de vivre ensemble. De petits gestes anodins suffisent du moment qu'ils sont partout répétés. Nous ne sommes pas plus bêtes que les écureuils, pas moins fous que les crapauds.

2

Quatre points communs à tous les crapauds fous.

La nécessité. Il faut que quelque chose impose la migration. Le besoin de se reproduire chez les crapauds, le besoin de propager la parole de Dieu chez Christophe Colomb en un temps où l'Islam vient de faire tomber Constantinople, où la vieille Europe se persuade de l'imminence de la fin du monde.

La folie. Chez nous, elle peut aussi devenir foi, confiance, espoir, certitude qu'il existe d'autres possibilités. Sans ces ingrédients, on reste sur les chemins balisés.

La chance. Comme Christophe Colomb, il faut trouver une terre où il ne devait pas y en avoir. Nombre de crapauds fous se sont perdus avant Colomb.

La carte. Sans doute instinctive chez les crapauds (la localisation de la mare de naissance), elle devient géographique avec Christophe Colomb. Sans carte, le voyageur ne revient pas. Et même s'il revient, il ne peut pas témoigner de sa découverte faute d'une représentation adéquate du monde. La carte est la condition nécessaire pour que la folie *a priori* devienne *a posteriori* coup de génie.

3

En 2008, Pierre de La Coste a imaginé la métaphore des crapauds fous à des fins pédagogiques[1]. De son point de vue, il ne s'agissait que d'une histoire. Quelques mois plus tard, j'ai interrogé à ce sujet le docteur Ulrich Sinsch[2], spécialiste de crapauds. Il m'a répondu :

« En fait, si la plupart des crapauds retournent s'accoupler à leur mare d'origine, environ dix pour cent se dispersent. Ces individus colonisent de nouvelles mares et sont responsables de la mixité génétique à travers les

---

1   Pierre de La Coste imagine la métaphore des crapauds fous en juin 2008 dans un billet de blog intitulé « La théorie du crapaud fou appliquée à Internet ».

2   Directeur du département de zoologie de l'université de Koblenz - Landau.

populations voisines. Leur comportement n'est donc pas fou, mais nécessaire pour maintenir la connexion génétique, et pour étendre le territoire de population. Imaginez que la mare natale soit détruite, et toute une colonie pourrait être éliminée. »

La pertinence biologique de la métaphore n'importe pas beaucoup. Il faut cultiver son potentiel imaginaire. Il ne s'agit pas d'expliquer quoi que ce soit, mais de donner un nom amusant, ironique, répugnant, aux gens qui ne suivent pas les orientations dominantes et ainsi ouvrent parfois de nouvelles voies. J'ai envie de parler d'eux. Partir de figures historiques, à commencer par Christophe Colomb, pour finir par montrer qu'aujourd'hui nous devenons tous des crapauds fous (ce qui est révolutionnaire).

L'erreur de Christophe Colomb

C'est la contemplation silencieuse des atlas, à plat ventre sur le tapis, entre dix et treize ans, qui donne envie de tout planter là.

Nicolas Bouvier

Christophe Colomb est le crapaud fou emblématique. Alors que depuis Marco Polo les explorateurs cherchent à atteindre la Chine et l'Inde par l'est, il se tourne vers l'ouest. Une forme de folie le pousse à découvrir une nouvelle route maritime. Dès sa jeunesse, il se persuade d'autres possibilités, sentiment qu'il partage avec nombre de ses contemporains.

Au XVe siècle, les astrologues annoncent la fin des temps, le retour de Jésus, des bouleversements gigantesques et irréversibles en préparation du Jugement dernier. Le cardinal Nicolas de Cues suppose qu'en 1452 s'achève la période de mille ans prophétisée par Saint-Jean Batiste dans son Apocalypse: «Puis je vis descendre du ciel un ange, qui avait la clef de l'abîme et une grande chaîne dans sa main. Il saisit le dragon, le serpent ancien, qui est le diable et Satan, et il le lia pour mille ans. [...] Quand les mille ans seront accomplis, Satan sera relâché de sa prison. Et il sortira pour séduire les nations qui sont aux quatre coins de la terre, Gog et Magog, afin de les rassembler pour la guerre [...] »

Nicolas de Cues visite Constantinople en 1437. Il constate la poussée des Turcs qui, à plusieurs reprises, ont déjà encerclé la ville. Porté depuis les croisades, le rêve d'une humanité chrétienne ne tient plus qu'à un fil. Quand la capitale byzantine chute en 1453, deux ans après la naissance de Christophe Colomb, les chrétiens subissent un profond traumatisme. Une route se ferme, un monde s'achève, celui du moyen-âge, un autre ne veut pas encore naître, celui de la renaissance. Les hommes doutent face à l'avenir incertain.

Ce n'est pas un hasard si Christophe Colomb devient cartographe. Il a besoin d'un plan qui lui donne la force d'explorer l'autre monde. Dans sa jeunesse, il quitte l'atelier de tisserand de son père pour parcourir les mers connues, pour expérimenter les possibles avant de se lancer dans l'impossible.

Autour de 1474, on le trouve sur l'île de Chios, un des principaux points d'échange entre l'Occident et l'Orient. Il y achète une gomme produite à partir de la résine d'un arbuste apparenté au pistachier, aujourd'hui encore prisée pour soulager les maux d'estomac, pour fabriquer des bonbons ou parfumer des alcools comme l'Ouzo. Il ramène la gomme à Gène, de là il l'expédie vers le reste de l'Europe.

Deux ans plus tard, le 31 mai 1476, il embarque à bord d'une flottille marchande qui achemine la gomme vers Lisbonne, Londres, l'Irlande et les Flandres. La flottille se compose de trois galères, d'un lourd transporteur armé et de six nefs plus légères, dont l'une bat pavillon bourguignon.

Après avoir franchi le détroit de Gibraltar et longé les côtes espagnoles, la flottille approche du cap Saint-Vincent au sud du Portugal. Au petit matin du 13 août, Christophe Colomb et les autres marchands génois aperçoivent une trentaine de navires de guerre qui foncent sur eux. Ils battent pavillon portugais ou français, normalement alliés, mais semblent désireux d'en découdre.

Leur capitaine, le corsaire Guillaume de Casenove, a pris le prétexte de la présence d'un pavillon bourguignon pour attaquer. Il est Français et la France est en guerre avec la Bourgogne. Deux des galères génoises fuient en direction de Cadix. Le reste de la flottille est prise à l'abordage.

Les marchands se défendent avec une bravoure inattendue. Des dizaines d'hommes succombent. Plusieurs navires coulent de part et d'autre, dont la nef au pavillon bourguignon. D'autres bateaux emmêlés par les câbles d'abordages s'embrasent. Plutôt que de périr brûlés, Christophe Colomb se jette à la mer. Il agrippe un aviron, et tantôt nageant, tantôt se laissant porter, il dérive, implorant Dieu de lui venir en aide.

Il s'échoue sur une plage non loin du port de Lagos où il se repose plusieurs jours avant de regagner des forces. Il se rend alors à Lisbonne, siège d'une importante communauté génoise. À cette occasion, il rencontre sans doute Fernão Martíns, le chanoine de la cathédrale de Lisbonne. Entre 1436 et 1439, cet érudit a assisté au concile de Florence, en compagnie de Nicolas de Cues dont il devient le médecin attitré. Ils y ont discuté de la forme du globe et définitivement admis sa sphéricité. Mais à cette conception scientifique propre à la renaissance se mêle une conception allégorique propre au moyen-âge. Pour Nicolas de Cues, à la surface de la sphère, le centre est nulle part et partout, Dieu se reflète en toute chose.

« Dans la mystique de Nicolas de Cues, voir Dieu équivaut à tout voir comme identique à Dieu et à voir Dieu comme semblable à tout », explique l'historien Denis Crouzet.

Colomb s'approprie cette doctrine. Partir explorer le monde inconnu, c'est partir à la rencontre de Dieu. Fin décembre 1476, il reprend sa place à bord des deux galères qui ont fui vers Cadix, et poursuit son voyage jusqu'en Angleterre, sans doute jusqu'en Irlande et même en Islande. C'est probablement là que son destin se joue et qu'il envisage pour la première fois son grand voyage. A-t-il lu Aristote ou Fernão Martíns lui en a-t-il parlé ? En tous cas, il sait que le philosophe athénien a écrit :

« Les gens qui soupçonnent que la région des colonnes d'Héraclès touche à celle des Indes et que, de la sorte, il n'y a qu'une seule mer, ne semblent pas nourrir des conceptions trop incroyables. Comme témoignage à l'appui de leurs dires, ils citent encore les éléphants dont l'espèce se retrouve en chacune de ces deux régions extrêmes : à leur avis, les extrémités doivent à leur contact cette commune caractéristique. »

Cette citation ne manque pas de revenir à l'esprit de Colomb quand il visite l'Irlande ou l'Islande. Là, on lui raconte qu'un homme et une femme ont été retrouvés morts dans deux kayaks attachés l'un à l'autre et venus s'échouer sur une grève orientée à l'ouest. Cet homme et cette femme ne présentaient pas des facies connus. Ils avaient les yeux bridés comme les Chinois rencontrés par que Marco Polo.

De retour à Lisbonne au début de 1478, Colomb discute de cette histoire avec Fernão Martíns qui lui parle de son ami l'humaniste florentin Paolo dal Pozzo, dit Toscanelli. Ils se sont rencontrés lors du concile de Florence. Toscanelli a depuis déduit que les Indes sont plus proches par l'ouest que par l'est. Il a estimé cette distance à 6 500 milles nautiques de Lisbonne, soit 9 600 kilomètres. Il indique que l'île de Çypango, c'est-à-dire le Japon, se trouve encore plus près, si on cherche à l'atteindre par une route plus au sud.

Fernão Martíns possède une carte tracée par Toscanelli où on voit que les Indes décrites par Marco Polo font face à l'Europe. L'idée du voyage à travers la mer ténébreuse est en train de germer dans l'esprit de Colomb. Le monde s'écroule peut-être, mais un autre monde attend que les chrétiens le découvrent et convertissent à leur Dieu les peuples jusqu'alors hors de portée.

Christophe Colomb embarque sur des navires portugais. Il explore les côtes africaines jusqu'au golfe de Guinée, visite les Canaries, les Açores, Madères où il découvre là aussi des signes d'une terre plus à l'ouest. Des oiseaux migrateurs arrivent parfois de cette direction. Lors des tempêtes des sapins s'échouent sur les plages même si aucun sapin ne pousse dans la région.

Colomb échange quelques lettres avec Toscanelli qui lui répond : « J'ai la certitude que lorsque ce voyage aura été accompli, il en résultera pour nos contrées une grande abondance de richesses, notamment en épices et en métaux précieux. »

Colomb établit alors sa propre carte. Il s'appuie sur les calculs effectués au ixe siècle par Al-Farghani. Pour cet astronome arabe, dit l'Alfragan dans l'encyclopédie de Diderot, chacun des 360 degrés de la circonférence vaut un peu moins de 57 milles au niveau de l'équateur. La terre mesure donc 20 400 milles. Colomb commet alors une erreur monumentale. Alfragan travaille en milles arabes de 1 973,5 mètres, Colomb travaille en milles romains de 1 481 mètres. La terre pour lui mesurait 30 000 kilomètres, 10 000 de moins que pour Alfragan !

Une fois les dimensions de l'ensemble définies, il reste à disposer le continent euro-asiatique sur le globe. À la suite des autres cartographes génois, Colomb estime le continent étendu sur 225 degrés de longitude, valeur exagérée par rapport au 160 degrés réels. Il l'augmente d'ailleurs de 30 degrés cette valeur pour prendre en compte le décalage vers le large de l'île de Çypango. Colomb réduit la circonférence terrestre et augmente démesurément celle de l'Europe et de l'Asie. La mer ténébreuse se rétrécit comme peau de chagrin, apparaissant à peine plus large que la Méditerranée prise dans son grand axe.

Colomb se sent maintenant habité d'une mission quasi divine. Il a le devoir de porter à la connaissance de l'Occident la réalité du monde. Il s'en est fait une image fausse, mais il a la certitude absolue d'avoir raison. Il lui faut partir, quitte à ne pas revenir, pour prouver qu'un autre monde est possible, que les chrétiens peuvent en dominer la totalité, accomplissant en quelque sorte le dessein de Dieu tout en s'enrichissant.

Colomb n'est pas encore un savant des lumières sous l'influence de Descartes. Il croit aux textes sacrés qui prétendent que l'eau couvre seulement un septième de la terre. Sa carte se doit de rejoindre l'imaginaire et de le renforcer. Colomb ne va pas risquer sa vie parce que sa raison le justifie, mais pour honorer sa foi.

Colomb serait-il parti sans carte ? Non. Elle matérialise son intuition. Donne quelques repères. Comment partir, comment revenir. Surtout elle demande à être complétée. Elle fixe en quelque sorte ce qui serait possible ou impossible, impose les règles du jeu. On peut naviguer dans une direction plutôt que dans une autre. Surtout, on peut partir aux antipodes de l'Occident parce qu'on ne part pas tout à fait vers l'inconnu.

La carte rend possible le voyage aller et retour. Elle ne condamne pas le crapaud fou à une errance solitaire. Il peut regagner le monde connu et témoigner de ses découvertes. Il peut raconter, décrire, situer, insuffler à d'autres l'envie de partir à leur tour. Sans carte, on ne le prend pas au sérieux, son aventure ne crée pas l'histoire, elle a même tendance à échapper aux historiens. Ainsi, bien avant Christophe Colomb, des crapauds fous sont partis à travers la mer ténébreuse et ont accosté en Amérique.

En 1933, dans la vallée de Toluca non loin de Mexico, les archéologues ont excavé une tombe datant d'avant l'invasion espagnole. Ils y ont découvert une minuscule terre cuite représentant la tête d'un homme barbu. Son style, étranger à celui des civilisations précolombiennes, rappelle celui de statuettes identiques produites par les artisans romains sous le règne de Septime Sévère. Une datation par thermoluminescence a situé la cuisson de tête en l'an 200. Hypothèse : une galère romaine, peut-être emportée par une tempête, aurait traversé l'Atlantique.

En 499, vingt ans après la chute de Rome, le moine taoïste Heishui appareilla depuis la Chine en direction de l'est et découvrit une terre qu'il baptisa Fusang. Déjà Amérique ou simplement l'île de Sakhaline ? Nul ne le sait, et ainsi est née en Asie la légende d'un autre pays plus à l'est. En 990, l'Islandais Leif Ericsson aborda les côtes du Labrador. Faute d'une carte, faute d'une représentation du monde adéquate, lui aussi ne songea pas qu'il avait abordé un Nouveau Monde. De même les Polynésiens, lors de leur migration d'île en île auraient peu à peu traversé le Pacifique pour finir par toucher les côtes chiliennes.

Au XIVe siècle, cent ans avant Colomb, l'amiral eunuque Zheng He explora les côtes de l'Inde, Ceylan, Zanzibar et Madagascar. Il franchit éventuellement le cap de Bonne-Espérance et navigua jusqu'en Amérique du Sud. Ce voyage n'eut pas plus de suite que les précédents. Rien ne poussait les Chinois à étendre leur territoire déjà immense et, surtout, ils croyaient encore que le monde était plat.

Les histoires ne manquent pas pour nous indiquer que des crapauds fous découvrirent l'Amérique avant Christophe Colomb, mais il est le premier à le faire avec une carte qui, bien que fausse, lui permet de revenir et de crédibiliser sa découverte. Grâce à la carte, son voyage s'inscrit dans l'histoire, devient prétexte à d'autres voyages. Une sorte d'accumulation constructive s'accomplit, les actes de chacun des crapauds fous se renforcent, se consolident pour le pire et le meilleur. Quand on quitte le monde connu pour un autre monde sans en posséder une carte, on s'en va se perdre. Quand on part avec la carte, on s'en va inventer une nouvelle civilisation.

Sans la carte, les crapauds fous imitent les devanciers de Christophe Colomb. Ils ne participent pas à un processus cumulatif. Ils ne construisent pas grain à grain un même tas de sable. Ils se dispersent et leurs actes courageux se noient dans le bruit de l'Ancien Monde. Sans la carte, tout voyage est voué à l'échec. La rend possible le passage de la théorie à l'action. Christophe Colomb l'a compris au point de façonner une carte à la mesure de son ambition.

On peut d'ailleurs se demander s'il serait parti vers le Nouveau Monde s'il n'avait pas commis une erreur monumentale. Sans intervertir les milles romains et arabes, sans exagérer la taille de l'Europe et de l'Asie, Colomb aurait dû affronter un océan de plus de 20 000 kilomètres. Aucun marin ne s'y serait risqué, d'autant plus que, en 1488, le Portugais Bartolomé Díaz avait réussi à franchir le cap de Bonne espérance, découvrant une route de contournement de l'Afrique pour atteindre l'Inde.

On peut même se demander si l'erreur de Colomb ne résulte pas de la volonté inconsciente d'oblitérer la réalité pour rendre possible l'aventure. Il dispose de tous les éléments pour établir une carte d'une grande précision. Il a étudié les textes d'Alfragan qui, lui-même, a travaillé à partir de *La Géographie* de Claude Ptolémée. Cette géographie, écrite au IIe siècle, comporte une erreur grossière que n'a pas manqué de corriger Alfragan. Ptolémée a indiqué une circonférence terrestre de 180 000 stades, soit environ 33 000 kilomètres.

Pourquoi Christophe Colomb évite-t-il de se fier à Ptolémée, auquel ses contemporains font plutôt confiance, pour finalement aboutir à une mesure encore plus fausse ? Peut-être se détourne-t-il de Ptolémée parce que ce dernier a évalué le monde habité, des îles Canaries à la Chine, large de 180 degrés. Cette étendue relativement réduite implique un océan trop immense pour être navigué. Elle ne peut pas satisfaire le désir inconscient de Colomb.

Ce qui est encore plus étrange c'est que longtemps avant Ptolémée, au IIIe siècle avant Jésus-Christ en Alexandrie, Ératosthène avait lui aussi écrit une géographie. Suivant une méthode d'une rigueur implacable, il avait estimé la circonférence terrestre à 250 000 stades alexandrins, soit environ 42 000 kilomètres. De même, il avait estimé l'étendue du monde habité à 180 degrés. Il était donc évident, dès cette époque, que la distance entre l'ouest et l'est était immense et d'une certaine façon infranchissable.

Contemporain d'Archimède, Ératosthène vécut l'âge d'or de la science grecque. Pour lui, le monde plat et minuscule dans lequel vivaient mentalement tous ses contemporains devint soudain sphérique et surtout immense. Il aurait construit une mappemonde où les terres habitées ne représentaient tout au plus qu'un quart de la surface. Il aurait discuté de la possibilité d'autres continents au milieu de l'océan. D'une certaine façon, il ne restait qu'à explorer cet inconnu. Mais les Grecs, pas plus que les Romains, les premiers Chrétiens ou les Arabes, ne s'y hasardèrent. Il faut attendre l'erreur de Christophe Colomb pour oser l'impensable.

Influencé par Nicolas de Cues, Colomb attache plus d'importance aux prophéties qu'aux connaissances objectives. Pour lui, connaître la surface du globe revient à connaître les visages de Dieu et à préparer l'homme à vivre une nouvelle époque. Qu'elle aurait été sa surprise de survoler la terre et les mers depuis l'écran d'un ordinateur, et de constater qu'au fond nous attendons toujours et encore une révolution imminente.

Le rôle joué par l'irrationnel dans la découverte de Christophe Colomb nous prouve que la précision seule, que la connaissance seule, ne suffisent pas à nous faire passer d'une époque de l'humanité à une autre. Si tel était le cas, les Alexandrins du IIIe siècle seraient partis explorer l'inconnu. S'ils ne l'ont pas fait, c'est parce que rien ne les poussait à se dépasser. Ils étaient les derniers enfants d'une vieille civilisation qui mourrait peu à peu.

L'humanité a attendu près de deux millénaires entre la découverte théorique d'Ératosthène et le voyage quasi mystique de Colomb. D'une certaine façon, les Grecs succombèrent d'avoir trop attendu. Ils ne surent pas exploiter la modernité qu'Ératosthène leur révélait. Ils avaient la carte du Nouveau Monde, mais il leur manquait les trois autres critères caractéristiques les crapauds fous : la folie, la contrainte et la chance.

En refusant la folie, en s'enfermant dans leurs traditions, les Grecs se sont suicidés. Les biologistes ont découvert que les organismes ne peuvent qu'évoluer. Quand ils ont voulu faire régresser le patrimoine génétique d'une mouche drosophile, en altérant son environnement, ils ont constaté que c'était impossible, comme si la vie se tendait en avant. Une espèce évolue, tout au moins se maintient à un état d'équilibre, ou disparaît. La vie n'avance pas dans une direction déterminée, mais par sa logique même, elle a le devoir d'explorer de nouvelles combinaisons. En tant que société, nous ne sommes sans doute pas faits pour la stagnation. Nous ne pouvons pas refuser les portes qui s'ouvrent à nous. Nous devons laisser s'exprimer le crapaud fou qui sommeille en nous.

Depuis Christophe Colomb, nous n'avons cessé de perfectionner nos cartes géographiques. Nous avons fini par circonscrire la surface du globe. Nous avons même cartographié la lune et mars, mais ces cartes ne guident pas encore les crapauds fous faute d'une technologie adéquate. C'est dans une autre direction, non spatiale, mais structurelle, que nous sommes devenus des topographes de plus en plus habiles.

Nous avons découvert que nos sociétés elles-mêmes pouvaient être cartographiées. Nous pouvons relever les interactions entre les hommes et aboutir à des cartes sociales tout aussi vitales que les représentations géographiques. À l'intention des empereurs romains, Strabon a écrit :

« La géographie tout entière est orientée vers la pratique du gouvernement. Il serait plus facile de contrôler un pays si l'on connaissait ses dimensions, sa situation relative, les particularités originales de son climat et de sa nature. »

La carte est un outil de pouvoir, un pouvoir sur l'espace, sur les hommes, sur nous-mêmes. Avec des cartes géographiques plus précises, nous avons facilité nos voyages. Avec des cartes sociales plus précises, nous faciliterons peut-être la politique, c'est-à-dire l'art de vivre ensemble et de gérer la cité. Ces cartes nous aideront à résoudre les crises auxquelles nous nous confrontons, qu'elles soient globales ou individuelles.

Le procès du capitalisme

En posant que les entreprises doivent nécessairement rechercher un profit maximal, nous avons créé un monde qui ignore le caractère multidimensionnel de la nature humaine.

Muhammad Yunus

Imposture à Stockholm

Relativement à sa population, la Suisse reçoit plus de prix Nobel que n'importe quel autre pays. Si les États-Unis se classent mieux que la France ou le Japon, l'Angleterre et l'Allemagne les devancent. En revanche, en économie, les États-Unis écrasent leurs concurrents. Sur les 62 prix Nobel décernés entre la création du prix en 1969 et 2008, nous comptons 43 Américains : soit 70 % alors que dans les autres domaines les États-Unis récoltent en moyenne 33 % des prix[3]. Est-ce un hasard ou un biais culturel ?

---

3   J'ai effectué ces calculs à l'aide de la liste des prix Nobel classés par pays de Wikipedia et de nobelprize.org. Les

Un ami américain francophone m'a un jour dit que les Français étaient nuls en économie. Pour preuve : nos journaux y consacrent moins d'espace qu'aux sports ou à la politique. Chez lui, en revanche, les théories économiques sont prises au sérieux, d'autant plus que les universitaires qui les développent finissent souvent à Wall Street.

Alors comment se fait-il que la crise financière du début du XXIᵉ siècle débute en Amérique dans ce pays d'économistes, berceau de la mondialisation et du libéralisme ? Est-ce une coïncidence ? Ou est-ce plus prosaïquement que les économistes nobélisés ne comprennent pas grand-chose à l'économie ? Avec leurs affabulations mathématiques, n'ont-ils pas fourvoyé l'ensemble de l'humanité, à commencer par leurs concitoyens qui les écoutent trop ?

On n'a pas besoin d'être économiste pour se poser ces questions. Manifestement quelque chose ne tourne pas rond. En 2003, Robert F. Engle III et Clive W. J. Granger se partagèrent le prix Nobel pour avoir amélioré la précision des prévisions économiques. Y voyons-nous vraiment plus clair ? Personne ou presque n'a vu venir la crise des subprimes de 2007.

Il existe pourtant des économistes qui, plutôt que théoriser derrière leur bureau, passent leur vie sur le terrain et obtiennent des résultats encourageants. Je pense au plus célèbre d'entre eux, Muhammad Yunus,

---

États-Unis récoltent exactement 33 % des prix toutes disciplines confondues (30 % si on exclut l'économie). 41 % en médecine. 39 % en Physique. 33 % en Chimie. 19 % pour la Paix. 12 % en littérature.

le fondateur de la Grameen Bank au Bangladesh. En montrant que le microcrédit n'était pas une utopie, il a sorti des centaines de milliers de personnes de la pauvreté. Muhammad Yunus n'a pourtant pas reçu le prix Nobel d'économie, mais celui de la paix. Il s'en félicite parce qu'il s'intéresse avant tout à l'impact de l'économie sur la vie des gens. N'est-ce pas ce que tout économiste devrait faire ? Ce que tout homme devrait faire quelle que soit son activité ? Il y a un bug dans les bureaux de la fondation Nobel. Il y a surtout un bug dans le système économique mondial.

Les trois piliers du néoclassicisme

L'imposture commence avec la théorie économique dite néoclassique qui, depuis les années 1950, aide la plupart de nos économistes à justifier le capitalisme contemporain. Leurs maîtres leur ont enseigné des bêtises. Eux-mêmes les répètent en oubliant que le monde change plus vite qu'ils ne pensent. Heureusement, dans leur rang, quelques crapauds fous nous révèlent les trois sources de l'imposture.

« Plongez dans les pages des manuels économiques remplies d'équations et de diagrammes et vous découvrirez qu'on apprend toujours aux étudiants à ne pas remettre en question l'affirmation que les hommes et les entreprises sont rationnels, égoïstes et des agents économiques indépendants les uns par rapport aux autres », explique Pete Lunn[4].

---

4   What me, irrational?, *NewScientist*, 17 août 2008.

Je me considère comme un agent économique. Quand à Paris, rue de Seine, je passe devant la vitrine de la pâtisserie Mulot et que j'y aperçois un clafoutis à la cerise, ma rationalité vole en éclat. Même si je n'ai pas faim, je cède à la gourmandise. Je glisse dans la poche de monsieur Mulot un peu d'argent qui, en toute logique, n'aurait jamais dû y arriver. Mon irrationalité va même plus loin. Je peux descendre la rue de Seine, me retrouver rue de Buci, entrer à La Bonbonnière pour acheter ensuite un millefeuille à la vanille.

Tout cela n'a aucun sens et pourtant je crois que je ne suis pas le seul à agir de la sorte. Achetons-nous une voiture uniquement pour son aspect utilitaire ? Si tel était le cas, toutes les voitures se ressembleraient. Certes, c'est un peu le cas pour les voitures, mais je ne suis pas sûr que ce soit la faute des seuls consommateurs. Les industriels prompts à se copier doivent être un peu responsables.

En science, nous avons l'habitude de simplifier les problèmes pour faciliter leur résolution. Il arrive qu'on mette à zéro une valeur très petite. Mais ce tour de passe-passe n'est acceptable que s'il influence peu le résultat. Si le système étudié est très sensible à cette valeur, la mettre à zéro sera catastrophique. On obtiendra un résultat absurde. Les économistes ont ainsi plongé allégrement dans l'absurdité. Ils ont réduit à zéro notre irrationalité.

C'était mal parti. D'autant plus que pour les sociologues cette irrationalité apparaissait évidente. Si je possède une voiture, j'y suis plus attachée qu'à la même voiture appartenant à quelqu'un d'autre. Idem pour ma maison. Je ne la vendrai que si je suis sûr de faire une très bonne affaire, même si je découvre une autre maison apparemment plus confortable.

« Les expériences montrent que nous accordons plus de valeur à quelque chose que nous possédons qu'à quelque chose que nous ne possédons pas, même si ces deux choses sont identiques », ajoute Pete Lunn.

Nous sommes irrationnels, passionnés, impulsifs.

Avant de prendre une décision, nous n'écrivons pas des équations en pesant le pour et le contre. D'autres études montrent d'ailleurs que nous prenons souvent de meilleures décisions quand nous nous fions à notre première intuition[5]. Nos ancêtres vivaient dans un monde dangereux où la vitesse de réaction était synonyme de survie. Nous avons hérité de leur spontanéité.

Irrationnels, altruistes et interdépendants

À l'irrationalité, d'autres tares congénitales s'ajoutent. Une fois que j'ai acheté mon millefeuille, après avoir englouti trop vite mon clafoutis, il m'arrive de prendre conscience que je vais me rendre malade. Si je croise un SDF, je lui offrirai mon gâteau. Souvent il me dira qu'il n'en veut pas, qu'il veut uniquement de l'argent. Si je suis de bonne humeur, ce qui est probable vu que j'aurais le ventre plein, je donnerai un ou deux euros.

Encore une fois, la logique des économistes néoclassiques voudrait que je conserve le millefeuille pour le soir, mon argent pour moi et ma famille, elle voudrait que je sois égoïste. Je ne le suis pas, en tout cas pas

---

5   *Blink*, Malcolm Gladwell, 2007.

toujours. Je ne passe pas mon temps à me demander si mes actes me bénéficieront. Il m'arrive, pris d'un bon sentiment, de « faire le bien d'autrui. » Je ne pense pas être un cas unique. En plus d'être irrationnels, nous ne sommes pas égoïstes.

Les économistes néoclassiques n'ont aucune excuse pour ne pas avoir pris en compte cette seconde réalité. Dès le début des années 1980, Robert Axelrod s'intéressa à l'évolution de la coopération[6]. Il montra comment dans un monde peuplé d'égoïstes l'altruisme ne pouvait qu'émerger. Dans une perspective évolutive, l'altruisme apparaît comme la meilleure stratégie pour maximiser ses bénéfices. Il s'installe et se généralise pour cette raison.

« L'un des traits les plus solidement ancrés chez les êtres humains consiste à vouloir faire du bien à d'autres gens. C'est un aspect de la nature humaine que le monde des affaires ignore complètement », explique Muhammad Yunus[7].

La meilleure façon de penser à soi c'est d'être généreux avec les autres. J'ai plus intérêt à m'allier avec eux qu'à faire cavalier seul. Unis, nous sommes plus forts. Fondamentalement, nous le savons tous, même si nous nous égarons parfois. Les économistes néoclassiques ont préféré partir du principe que nous étions systématiquement égarés. Ils nous ont plongés dans un monde inhumain... et, à force d'appliquer leurs théories, nous avons fini par rendre ce monde un peu plus inhumain qu'il ne l'était déjà.

---

6   Le dilemme du prisonnier, Thierry Crouzet, 24 mai 2007.
7   *La fin du capitalisme*, Muhammad Yunus, 2007.

J'en arrive au troisième pilier de la doctrine néoclassique. Nous serions indépendants. Quel esprit tordu faut-il pour se persuader d'un tel concept ? Si mon voisin fait un feu dans son jardin, si le vent pousse la fumée chez moi, je suis obligé de fermer mes fenêtres. En quoi suis-je indépendant de lui ? Quand je passe devant chez Mulot, en quoi ne suis-je pas influencé par les gourmands qui font la queue pour acheter des clafoutis ? Leur présence suffit à exciter mes papilles. Plus grave, quand des industriels vendent aux agriculteurs des pesticides nocifs et que, dans le même temps, le nombre de cancers augmente, je me persuade vite que nous sommes tout sauf indépendants les uns des autres.

Au contraire, nous sommes de plus en plus nombreux, nous saturons de plus en plus la biosphère, au point de nous rendre de plus en plus interdépendants. Les spécialistes du marketing usent d'ailleurs de cette propriété pour favoriser la propagation des modes. Ils savent que les gens s'influencent. Longtemps, les économistes ont refusé de l'admettre. Dès qu'il se serait agi pour nous d'acheter quelque chose, nous nous serions coupés du monde, et dans le silence, nous aurions décidé en égoïste.

Il est temps de s'appuyer sur des postulats opposés à ceux des néoclassiques. Nous sommes souvent irrationnels, nous sommes souvent altruistes, nous sommes massivement interdépendants. Il est temps de prendre en compte la nature humaine et de cesser de nous réduire à des automates. Nous sommes souvent des crapauds fous.

Gagnant-perdant vs gagnant-gagnant

Axelrod a aussi montré que l'altruisme n'apparaît que si les acteurs se côtoient régulièrement. Si vous êtes perdu dans le désert, si vous mourez de soif, si vous croisez un inconnu qui n'a qu'une gourde, il s'enfuira. Mais nous nous trouvons assez rarement dans cette situation. Nous avons des collègues de travail, des amis, des voisins. Nous ne pouvons pas leur faire des vacheries sans en payer les pots cassés. Nous avons appris à jouer gagnant-gagnant avec eux, idée de gagnant-gagnant totalement absurde pour un économiste néoclassique.

Il nous arrive de faire un cadeau à un SDF parce que l'idée d'un bénéfice mutuel est ancrée en nous. Je prends cet exemple non pour me donner bonne conscience, mais parce qu'il révèle un mécanisme fondamental. Nous agissons par réflexe, un réflexe de survie. Je ne dis pas que l'homme est par essence bon. Le bien et le mal n'ont rien à voir dans cette histoire. Nous avons simplement tendance à répéter les gestes qui, le plus souvent, nous bénéficient, quitte à les répéter parfois pour rien.

Je vois venir les critiques. On va m'accuser de prôner la sociobiologie, champ de recherche souvent jugé hérétique en France. Je crois juste qu'il ne faut pas oublier que nous sommes le produit de l'évolution. Quand je donne à un SDF, j'ai l'impression de vouloir son bien alors que j'agis peut-être dans l'espoir d'un bénéfice mutuel. Après tout, si avec mes euros le SDF s'en trouve un peu plus heureux, un peu de bonheur s'ajoutera dans le monde, et en retour, je serai plus heureux.

Ce raisonnement n'est pas farfelu. En toute probabilité, la population mondiale devrait tendre vers 9 milliards. Nous allons vivre de plus en plus près les uns des autres. En moins 48 heures 90 % de la terre nous est accessible. L'interdépendance géographique ne fait qu'augmenter[8]. À cela s'ajoute, la facilité des échanges électroniques. En d'autres mots, nous avons de moins en moins de chances de nous trouver seuls dans un désert. Quand nous croisons quelqu'un pour la première fois, nous avons un risque non négligeable de le rencontrer à nouveau, dans la rue ou sur le Net. Il serait mal avisé de lui faire un mauvais coup.

N'avez-vous pas déjà rencontré par hasard une connaissance ? Un jour, dans le métro parisien, assis sur un strapontin, je me suis relevé quand la rame s'est soudain remplie. Je me suis heurté à quelqu'un qui s'est avéré être un de mes meilleurs amis. Il vit d'habitude à vingt kilomètres de chez moi dans le Midi et il a fallu que nous nous retrouvions à Paris au même endroit, au même moment. C'est ce qu'on appelle la sérendipité. Certains mystiques voient dans ce phénomène, qu'ils estiment de plus en plus fréquent de nos jours, le signe d'une force spirituelle qui serait est en train d'émerger, une force qui pousserait les hommes à se rapprocher les uns les autres et à inventer un nouvel art de vivre ensemble. Le best-seller *La prophétie des Andes* défend cette théorie. J'ai tendance à être plus pragmatique. Nous sommes tous simplement de plus en plus proches les uns des autres. Nous nous trouvons dans la situation où l'altruisme ne peut que se trouver

---

8   La complexité géographique, Thierry Crouzet, avril 2007.

favorisé, où l'approche gagnant-gagnant passe devant le gagnant-perdant promu par le capitalisme.

C'est quoi en fait le capitalisme?

Les livres savants regorgent de définitions, mais je vous propose la mienne: le capitalisme est un système où les entreprises et les individus cherchent à se contrôler les uns les autres, à contrôler les coûts, à contrôler les concurrents, à contrôler les consommateurs, à contrôler le capital bien sûr... pour maximiser les bénéfices et le rendement du capital. Dans cette logique, si vous achetez mon livre, les autres écrivains perdent un lecteur. Pour gagner, je dois conquérir des parts de marché. Il existe bien sûr une autre possibilité: que tous les écrivains gagnent ensemble de nouveaux lecteurs suivant la logique gagnant-gagnant.

Mais le capitalisme ne veut pas de cette forme de *peace and love*. Pour maximiser ses bénéfices, une entreprise doit vaincre la concurrence ou mourir. Ainsi s'installe le gagnant-perdant. Si je veux gagner, d'autres doivent perdre. Je dois donc les absorber et grossir. Surgit alors la fameuse croissance économique, mesurée à l'échelle d'un pays à l'aide du PIB (produit intérieur brut). Pour minimiser le nombre des perdants, les capitalistes affirment que nous nous partageons un gâteau de plus en plus gros. Par exemple, on amène la technologie à de plus en plus de gens. On va même les chercher dans les coins les plus reculés. Le Groenland est la région la plus connectée! Ainsi de nouvelles parts s'ajoutent sans cesse au gâteau.

Un capitaliste ne forcerait jamais les autres à mourir de faim. Il grossit quand qu'il dévore les nouvelles parts et que ses ennemis se contentent des anciennes. Il gagne plus que les autres, mais, si les autres gagnent moins que lui, ils ne perdent pas vraiment. Tant que le gâteau grandit, le capitalisme simule le gagnant-gagnant tout en reposant sur un mécanisme de prédation profondément gagnant-perdant.

Le marché doit croître. S'il croît vite, les grandes et les petites entreprises se partagent le gâteau. Dès qu'une récession approche, nous assistons à des concentrations. Par exemple, quand tout le monde ou presque possède un accès Internet, croître implique de prendre un abonné à un adversaire, cela revient à le pousser à décroître. Gagnant-perdant. La prédation ressurgit.

Le capitalisme ne peut simuler le gagnant-gagnant qu'avec une croissance importante. Voilà pourquoi les politiciens ne jurent que par le PIB. S'il faiblit, le gagnant-gagnant n'est plus soutenable et de plus en plus de gens se retrouvent dans le camp des perdants. Pas bon pour le moral, pas bon pour se faire réélire. Or, aujourd'hui, nous savons que la croissance matérielle ne peut plus être soutenue dans un monde fini saturé par nos présences.

Exit la croissance

Les matières premières comme le pétrole ne gisent pas sous nos pieds en quantité infinie. Certains métaux précieux utilisés en électronique commencent à se raréfier. Mais même si nous disposions de pétrole pour des milliers d'années, il serait folie de l'extraire et de le brûler. Nous augmenterions la surchauffe planétaire. Le toujours plus, autrement dit la croissance matérielle, n'est techniquement plus soutenable sous peine de nous plonger dans le chaos.

Nous devons cesser d'attendre le Messie qui relancera cette croissance à l'ancienne. Ce n'est pas en produisant plus de voitures, d'électroménager ou ordinateurs que nous basculerons dans le gagnant-gagnant.

— Ô Saint Obama, sauve-nous...

Je n'entends que ça depuis le début 2009. Espoir insensé qu'un plan à l'ancienne fonctionne. Pourquoi pas ? Pour une paire d'années puis nous nous heurterons à une barrière irrémédiable. Le gâteau ne peut plus grossir. C'est presque physique. Un obèse ne mange que tant qu'il n'atteint pas le poids qui le condamne. En l'état de nos technologies et avec bientôt près de 9 milliards d'humains voraces, nous nous approchons du seuil d'obésité limite. Il est probable que les Mayas se soient éteints à cause justement de leur irresponsabilité écologique. Il serait dommage que nous les imitions. Certes, si nous nous retrouvons beaucoup moins nombreux après un cataclysme, l'ancienne croissance repartira. Mais voulons-nous cela ?

La crise économique, au sens de l'économie néoclassique, n'est pas passagère. Nous aurons beau imaginer des plans de relance, nous nous heurterons de plus en plus fréquemment à la même impossibilité de la croissance. Nous ne pouvons espérer maintenir nos taux d'équipement que par une nouvelle logique industrielle.

En attendant, comme le gâteau ne grossit plus, le capitalisme en est réduit à la prédation. Faute de nouvelles parts dans le gâteau, il faut manger la part des autres en poussant les pauvres à devenir plus pauvres comme l'explique Jean Ziegler dans *La haine de l'Occident*. On en arrive ainsi à des monstruosités. Le Nigeria, huitième plus gros producteur mondial de pétrole, est l'un des vingt pays les plus misérables de la planète.

Longtemps, tout au moins en Occident, nous avons supporté la logique gagnant-perdant propre au capitalisme parce que la croissance nous donnait l'illusion du gagnant-gagnant. Quand la croissance faiblit, voire que la récession s'installe, les Occidentaux ne supportent pas plus le gagnant-perdant que les peuples qui ont toujours été maintenus dans le camp des perdants. L'Occident commence alors à se haïr lui-même. Il haït le mal qui le ronge : le capitalisme.

C'est inévitable. Nous ne pouvons pas nous épanouir dans un monde gagnant-perdant, un monde de gagnants minoritaires et de perdants de plus en plus nombreux. Ces dernières décennies, les capitalistes n'ont eu de cesse de trouver des réserves de croissance. Mondialisation et globalisation. Et après ? Dans un monde sans croissance, le but du capitalisme, maximiser les bénéfices, ne peut plus être atteint que par une poignée d'individus qui se nourrissent de la décroissance des autres. En conséquence, le capitalisme ne peut plus servir de modèle à nos sociétés. Nous devons inventer un modèle gagnant-gagnant qui ne jure pas que par la croissance matérielle.

Libéralisme : doctrine schizophrène

Avant que nous n'arrivions à cette conclusion, les économistes néoclassiques nous ont fait beaucoup de mal. Ils ont même réussi à pervertir l'idée de liberté. À cause d'eux, quand on se dit libéral, on éprouve de la gêne. Et beaucoup de gens nous regardent avec méfiance, nous rangeant dans le camp de ceux qui affament les Nigérians.

Mais en quoi le capitalisme est-il libéral ? En quoi est-il favorable à la liberté politique, à la liberté d'expression ou à la liberté de déplacement ? Il s'en moque. D'ailleurs plus un gouvernement se dit libéral, plus il a tendance à mettre des policiers dans la rue. Il suffit de se souvenir de Georges W. Bush, l'ultralibéral qui promulgua des lois liberticides et envoya ses armées aux quatre coins du monde.

Les partisans du libéralisme économique, lorsqu'ils créent des entreprises ou gouvernent des nations, partent du principe que les gens ont besoin d'être managers sinon policés. À la suite de Thomas Hobbes et de son *Léviathan* publié en 1651, ils assument que l'homme laissé à lui-même n'est bon à rien et qu'il faut donc l'encadrer par une autorité centrale. Ainsi les managers ont formé la classe privilégiée de notre société. Les écoles comme Harvard sont devenues des *must do*.

Pourquoi ces mêmes libéraux ne jurent-ils que par le libre-marché, un marché où personne ne doit manager quoi que ce soit, où il faut s'abandonner à l'autorégulation ? D'un côté, le laissez-faire serait inefficace, conduisant les hommes à un état de guerre continuel, d'un autre, il serait terriblement efficace, conduisant à la prospérité économique. Cette contradiction explique la schizophrénie de notre époque. Laissons faire quand ça nous arrange, sinon poliçons.

Mais la contradiction n'est qu'apparente : en fait, le laissez-faire n'a jamais existé, il n'a jamais été une doctrine, sinon de la poudre aux yeux pour persuader les citoyens qu'ils n'étaient plus des esclaves. Le libéralisme des capitalistes est un libéralisme de quelques-uns. Suivant la logique gagnant-perdant, c'est une liberté pour eux, pour leurs entreprises, à savoir une liberté d'exercer la prédation et le contrôle comme ils l'entendent et d'épuiser la planète sans rendre de compte à personne. Ce libéralisme sauvage oublie que la liberté de chacun commence où s'arrête celle des autres. Nous sommes juste libres de consommer et de nous taire. Les uns doivent gagner, les autres doivent perdre. Les tenants de ce libéralisme sont les pires ennemis de la liberté. Ils l'ont confisquée. Cette situation aurait dû nous alerter depuis longtemps.

Commander et contrôler

Comment s'organisent les entreprises capitalistes ? Ont-elles intégré la moindre notion de démocratie ? S'ils existent des patrons éclairés, beaucoup ne le sont pas. Quand j'ai commencé à travailler, j'ai signé un contrat après avoir parlé avec deux ou trois personnes. Les autres employés n'ont jamais donné leur consentement. Un jour, ils m'ont vu débouler dans leur bureau. Certes la période d'essai a pour but de régler les éventuelles incompatibilités, mais trop souvent les décisions s'imposent par le haut.

La prédominance de la hiérarchie se fait sentir dans la forme même de l'organisation de la plupart des entreprises capitalistes. Un organigramme décrit généralement qui est le chef de qui, qui doit rendre des comptes à qui, qui rapporte à qui. Quelle place a la liberté dans une telle structure ? Les pharaons n'avaient-ils pas déjà organisé leur empire suivant cette logique ? N'avaient-ils pas construit leur pyramide pour symboliser leur toute-puissance, juste inféodée à celle des dieux ?

Bien sûr dans les entreprises l'organigramme est avant tout une représentation. Il ne décrit pas la réalité des échanges. Le membre d'une équipe peut parler avec le membre d'une autre équipe. N'empêche, l'organigramme correspond en général à la répartition des salaires, aux cheminements des ordres. Il est l'outil ultime de contrôle. En cas de conflits, on se réfère à lui pour savoir qui doit trancher, qui doit décider. L'organigramme occupe tous les esprits, parfois au point d'engendrer des comportements compulsifs.

— Mon boss est un con !

Combien de fois cette phrase est-elle prononcée chaque jour ? Le plus drôle c'est que les boss eux-mêmes ont des boss et disent la même chose. Sont-ils heureux ? Sommes-nous heureux quand nous ne cessons de nous plaindre ? Sommes-nous heureux quand nous ne nous sentons pas à notre place ? Le capitalisme nous a imposé la pyramide comme la seule structure sociale acceptable. Nous n'aurions qu'à nous taire et obéir.

Au nom des hommes

Pourtant, nous avons beau appartenir tous à la même espèce, nous n'en sommes pas moins tous différents. Certains se lèvent tôt, d'autres tard. Certains aiment la compagnie, d'autres préfèrent la solitude. Certains accordent plus d'attention à leurs pensées, d'autres à leurs intuitions. Cette grande diversité de caractères fait que ce qui convient à certains ne convient pas à d'autres.

Par exemple, j'ai appris à mes dépens que le système pyramidal me faisait souffrir, à l'armée quand j'étais au pied de la pyramide comme plus tard quand je me suis retrouvé plus haut dans la hiérarchie d'une entreprise. Contrairement à moi, d'autres personnes aiment être encadrées, guidées, supervisées. Elles ne donnent le meilleur d'elles-mêmes qu'au sein d'une organisation stricte.

À cause de cette diversité, il ne peut exister d'organisation humaine universelle. Chacun de nous en fonction de son caractère, de ses compétences, des moments de sa vie, devrait pouvoir s'épanouir dans des organisations différentes : petites, moyennes ou grandes, pyramidales ou non pyramidales. Avec son ambition de tout contrôler, le capitalisme a tenté de nous persuader du contraire.

— Vous vivrez dans une pyramide, vous occuperez une case d'un organigramme, un point c'est tout.

Cette injonction a fini par se graver en nous à tel point que nous ne la remettons plus en cause. Nous cherchons, surtout quand nous débutons notre carrière, à trouver notre place dans cette structure parfaite et quelque peu idéalisée. Nous n'envisageons aucune autre possibilité. Au mieux, finissons-nous par comprendre que nous serons plus heureux en tant que travailleurs indépendants. Nous réduisons alors l'organigramme à nous-mêmes ou à quelques collaborateurs très proches.

Existe-t-il uniquement deux possibilités : travailler presque seul ou dans une pyramide ? Si nous supportons mal les organigrammes rigides, sommes-nous condamnés à devenir des marginaux, des déviants, voire des bons à rien ? C'est ce que cherche à nous faire croire le capitalisme. Comme il veut contrôler, il soutient la forme d'organisation qui maximise le contrôle, à savoir, la pyramide avec ses strates hiérarchiques.

Cette vue étriquée a précipité la crise sociale que nous traversons depuis la fin du XXᵉ siècle. Collectivement, nous nous sommes privés de l'intelligence d'une grande partie des nôtres, de tous ceux pour qui le capitalisme et sa logique d'organisation ne conviennent pas. En vérité, on peut se sentir mal dans une structure pyramidale tout en étant capable de travailler avec les autres. Il faut arrêter de penser blanc-noir. De croire que c'est ça ou rien.

Il n'existe pas d'organisation idéale qui conviendrait à tous les hommes. Le meilleur système n'existe pas. Dans chaque situation, il faut choisir la solution la plus appropriée. Si nous n'avons qu'une réponse, c'est que nous manquons d'imagination. Alors nous nous faisons souffrir les uns les autres. Et si nous souffrons, nous ne réglons aucun de nos maux. C'est au nom des hommes que nous devons inventer de nouveaux modèles d'organisations en même temps que nous nous confrontons à de nouveaux types de problèmes. Cela vaut aussi bien pour les entreprises que toutes les autres organisations, à commencer par les gouvernements.

Premier âge des pyramides

Nous ne sommes pas des chiens de Pavlov qui, à une impulsion donnée, répondent d'une manière stéréotypée. Chaque fois qu'une institution politique, religieuse ou économique tente de nous réduire à des automates, nous finissons par nous révolter. Nous parlons alors de révolution ou, quand nous ne sommes pas conscients de ce qui se passe, nous parlons de crise. Dans le premier cas, nous croyons changer le monde. Dans le second, les experts croient que tout redeviendra vite comme avant.

Ils cherchent toujours des excuses pour justifier que le monde au fond ne change jamais. Ils invoquent notre passé le plus lointain pour défendre la méthode capitaliste, c'est-à-dire la hiérarchisation des tâches dans le but de maximiser les bénéfices. Selon eux, nous sommes des mammifères, des primates, nous avons vécu en hordes sous les ordres des mâles alpha. L'organigramme serait gravé dans nos gênes. Certains dominent parce que le groupe y gagne.

Ce n'est pas faux, en tout cas ce n'était pas faux dans la nuit des temps. Le mâle alpha acquérait plus de pouvoir, plus de femelles, plus de plaisirs, plus de richesses. Il s'élevait dans la société et ses congénères se plaçaient sous sa protection parce qu'ils se trouvaient plus en sécurité et augmentaient leurs chances de survie. Parce que cette structure sociale se montrait efficace, parce qu'elle procurait des bénéfices mutuels, elle se développa et se renforça.

Au cours du néolithique, lorsque nos ancêtres se sédentarisèrent dans les premiers villages, puis les premières villes, l'écart entre les pauvres et les riches s'amplifia. Les puissants devinrent plus puissants. Ils commandaient à leurs vassaux qui eux-mêmes commandaient à leur clan. Les pyramides et une forme primitive du capitalisme étaient en train de naître. Des hommes avaient pris le contrôle d'autres hommes suivant de multiples strates hiérarchiques. Ils contrôlaient leurs terres, leurs revenus, leurs temps... pour maximiser leurs propres bénéfices.

Cette organisation perdura jusqu'à la révolution industrielle. Elle s'est maintenue parce qu'elle permettait de résoudre les problèmes auxquels les sociétés se confrontaient. Problème : produire assez de nourriture. Solution : les esclaves labouraient. Problème : défendre les frontières, voire annexer les territoires voisins. Solution : les soldats marchaient au pas. À des problèmes simples, on trouvait des solutions simples. Les puissants connaissaient les réponses, ils donnaient des ordres en conséquence. La structure pyramidale servait leur but à la perfection. Pendant plus de 6000 ans, elle grava sa marque dans notre inconscient collectif.

Second âge des pyramides

Cette esquisse historique peut apparaître grossière, mais elle résume à mon sens un processus indéniable. Malgré des exceptions, les Apaches et nombre de peuples premiers, la plupart des civilisations adoptèrent le modèle pyramidal hérité des hordes primitives.

En Occident, les chrétiens parachevèrent cette évolution en mettant en place un système théologique implacable. En plus du Dieu unique, ils lui donnèrent un fils unique, puis ils nommèrent un Pape pour nous commander, puis des évêques... et ainsi de suite. Les partisans de l'ultra-capitalisme restent attachés à la vieille vision hyper-pyramidale. Pour eux, elle est la seule manière de régler les problèmes du monde. Pourtant, les problèmes eux aussi ont une histoire. En même temps que les civilisations se développent, elles affrontent de nouveaux problèmes. Pour éviter les pénuries alimentaires, il faut optimiser les cultures et développer le commerce. Pour éviter les épidémies, il faut prendre les mesures sanitaires et mieux comprendre nos organismes. D'une civilisation à l'autre, les réponses diffèrent, mais on commence à deviner que les solutions arbitraires ne sont pas nécessairement adaptées. Un puissant ne peut plus simplement ordonner. Comme il ne connaît pas la solution à tous les problèmes, il doit consulter des spécialistes avant de trancher. Son rôle se transforme. Il se fait l'écho d'une classe intellectuelle.

Avec *Le discours de la Méthode*, Descartes nous proposa une manière élégante de résoudre les nouveaux problèmes. Il nous suggéra de les subdiviser en sous-problèmes, puis de les subdiviser à leur tour en sous-sous-problèmes et ainsi de suite. À la fin de ce processus, nous ne retrouvions que des problèmes simples et il suffisait de remonter de proche en proche pour résoudre le problème complet.

Cette proposition, destinée avant tout aux philosophes et aux scientifiques, légitima dans le même temps le modèle pyramidal. Si on s'amuse à ranger dans des cases les sous-problèmes et leurs sous-sous-problèmes, si on les connecte en fonction de leur dépendance, on dessine un organigramme qui décrit le problème complet.

Il devint alors peu à peu évident que pour résoudre un probl§me une entreprise doit aussi se structurer suivant un organigramme. Chacune des branches de l'entreprise s'attaquera à une partie du problème, l'entreprise dans son ensemble résoudra le problème complet. Ainsi, à l'origine du capitalisme moderne, les entreprises adoptèrent le modèle pyramidal qui depuis des millénaires sous-tendait les organisations politiques. On invoqua Descartes pour légitimer une vieille tradition autoritariste et machiste.

La démocratisation de nombreuses nations n'infléchit en rien cette façon de penser. Nous sommes restés attachés au paradigme cartésien. La plupart des entreprises, des gouvernements, des ONG et autres associations se structurent en pyramide. Elles le font au nom de l'efficacité, mais en même temps, elles ne peuvent s'empêcher de perpétuer le vieux principe du mâle dominant. Il faut maximiser les bénéfices. On est dans le domaine du quantitatif. Le qualitatif reste un concept vague, presque métaphysique.

Le problème apparaît bien plus grave que les anticapitalistes ne le soulignent souvent. Ils se contentent en général de critiquer le but du capitalisme : la maximisation des bénéfices suivant la logique gagnant-perdant. Mais ils oublient de critiquer la méthode qui permet d'atteindre ce but : l'organisation pyramidale qui maximise le contrôle. Dénoncer le but ne sert à rien si on n'interroge pas les mécanismes qui le mettent en œuvre. Et si justement ces mécanismes engendraient le but ?

Les pyramides ne sont pas éternelles

Quand j'ai commencé à travailler, j'avais en tête cette idée de la pyramide. Je me suis retrouvé dans la case d'un organigramme. Ambitieux, avide de pouvoir, cupide, j'ai escaladé les échelons pour maximiser mes bénéfices. Nous sommes nombreux à nous laisser tenter par l'ascension hiérarchique. Nous la poursuivons jusqu'à atteindre notre niveau d'incompétence. Une fois immobilisé, on se rassure en élargissant la pyramide au-dessous de nous. Si on ajoute des sous-hiérarchies c'est un peu comme si on s'élevait encore. Chaque fois qu'un petit jeune entre tout en bas, les plus vieux croient que des ailes leur poussent.

Il n'est pas surprenant que nos gouvernants militent souvent pour plus d'enfants par femme. Ils veulent plus de gens en dessous d'eux. Cette volonté d'accroître à tout prix le nombre d'humains m'a toujours choqué. Mais elle est compréhensible. Comme un PIB positif, une forte natalité permet de simuler le gagnant-gagnant à partir du gagnant-perdant. Une organisation pyramidale ne peut que croître, car une partie de ses membres poursuivent l'ascension hiérarchique. Il leur faut toujours plus de cases dans l'organigramme pour satisfaire leurs ambitions.

À l'intérieur de la pyramide se reproduit le même phénomène qu'entre les entreprises. Le gagnant-perdant n'est supportable par les employés qu'en temps de forte croissance. En cas de ralentissement de l'activité, la pyramide ne grandit plus, la prédation redouble entre les employés. Les places se font rares, les gens s'accrochent à leur poste. Pour ne pas perdre, ils sacrifient leurs camarades. Comme la lutte est âpre, chacun sécurise sa position. Conséquences : lourdeurs, blocages, ralentissement, perte d'efficacité, manque d'innovation.

En 1917, Forbes publia le classement des cent meilleures entreprises américaines. En 1987, soixante et une avaient fermé leurs portes et seulement dix-huit restaient dans le classement cette année-là. Parmi elles, seize avaient une rentabilité inférieure à celle du marché. Ce turnover ne cesse de s'accélérer. Depuis 2000, une entreprise qui entre dans le Top 500 américain y reste en moyenne dix ans. Les pyramides succombent sous leur propre poids. Un temps elles s'élèvent, puis leurs coûts de fonctionnement deviennent prohibitifs. Loin du régime énergétique optimal, elles dépensent plus qu'elles ne produisent et elles succombent peu à peu.

Ce phénomène survient même en période économique favorable. La pyramide finit par broyer les hommes. S'ils court-circuitent les niveaux hiérarchiques, ils mettent en danger des positions solidement sécurisées, ce qui entraîne la répression. L'organisation pyramidale n'encourage pas la liberté. L'homme n'est qu'un rouage de quelque chose qui le dépasse. Il se rassure en regardant vers le sommet, loin de lui, il attend que quelqu'un donne sens à son action, lui confirme sa valeur ajoutée.

Avant sa décadence finale, une entreprise à structure pyramidale est pratiquement condamnée à la croissance. Le désir d'ascension des employés, dicté par les liens hiérarchiques, entraîne le développement de la pyramide. Cette poussée interne se traduit à l'extérieur par le besoin de manger une part de plus en plus importante du gâteau. Pour gagner, il faut des perdants. Pour gagner, il faut maximiser ses bénéfices. En quelque sorte, la structure sociale engendre le but du capitalisme. Le gagnant-perdant est consubstantiel de la pyramide, structure profondément inégalitaire. Il est donc illusoire de vouloir réformer le capitalisme sans remettre en cause ses soubassements organisationnels. Il faut s'attaquer à la poule et à l'œuf en même temps.

La limite physique du capitalisme

Avons-nous le choix ? Ne sommes-nous pas tous condamnés à vivre dans le système pyramidal puisqu'il sait résoudre tous les problèmes ?

— Attendez deux secondes ! Si ce système était si puissant, il ne devrait plus subsister de problèmes dans le monde, plus de pauvreté, de dérèglements climatiques, de pandémies, de pollutions, de le mal-être.

Par la force et l'autorité pure, le système pyramidal aide à résoudre les problèmes simples, ces problèmes auxquels se confrontaient déjà les hordes primitives. Ils se résolvent par une décision unilatérale. Interdiction de fumer dans les lieux publics. Interdiction de dépasser le 90 sur les routes. La décision part du haut de la pyramide et s'applique aux branches. Pendant des millénaires, nous avons réglé toutes nos difficultés de cette façon. Il est tentant de croire que nous continuerons ainsi, à coups de baguette magique.

Mais déjà Descartes nous proposa une autre méthode pour résoudre les problèmes moins simples. Il nous apprit à les décomposer en sous-problèmes avant de procéder à la synthèse des solutions intermédiaires. Nous appliquons cette méthode avec rigueur depuis la révolution industrielle. Chaque branche de la pyramide correspond à un sous-problème. Nous fabriquons les composants, puis nous les assemblons. Le jeu de Lego modélise ce processus.

Pendant longtemps, nous avons pensé qu'avec cette méthode nous résoudrions tous les problèmes. Nous avons construit des avions, des ordinateurs, des usines atomiques... Et puis les premières difficultés sont apparues, en informatique notamment. Microsoft a eu de plus en plus de mal à produire les nouvelles générations de Windows. Le système se compose de branches si nombreuses que la pyramide qui le développe doit grossir au-delà du point où elle devient onéreuse et inefficace. Alors les retards se succèdent. Et quand, finalement, un produit se retrouve commercialisé, il déçoit les attentes des consommateurs comme de ses créateurs.

Si en théorie nous pouvons indéfiniment décomposer un problème en sous-problèmes, dans la pratique nous nous heurtons à une limite, celle de la taille maximale de la pyramide. C'est un peu comme en physique avec la vitesse de la lumière. On peut l'approcher sans la franchir. L'énergie pour gagner une fraction supplémentaire de cette vitesse coûte autant que la totalité de l'énergie déjà dépensée. Dans un monde où les dépenses énergétiques de toute nature doivent être réduites, nous ne pouvons plus construire des pyramides inefficaces. Les coûts écologiques comme humains deviennent prohibitifs.

L'âge de la complexité

Tout va de mal en pire. En même temps que nous touchons aux limites du modèle pyramidal, des problèmes d'une nouvelle espèce nous explosent à la figure. Ni simples, ni décomposables, nous les avons jusqu'à présent occultés. Imaginons une crise climatique en l'an mille. La terre étant peu peuplée, les hommes se seraient déplacés pour suivre le climat favorable. Aujourd'hui, comment faire ? Il existe peu de terres libres. Si nous occupons ces terres, nous risquons d'ailleurs d'amplifier les dérèglements climatiques. Nous sommes face à un problème d'une complexité inouïe.

Un problème complexe est un problème qui ne peut pas être subdivisé en sous-problèmes. Pour résoudre la crise climatique, on ne peut pas s'attaquer séparément à l'air, à l'eau, à la terre, aux pôles, au gaz carbonique, aux forêts, aux conséquences sociales... Une multitude de feedbacks lient ces différents éléments. Pas plus, on ne peut adresser le problème en un seul endroit du globe. D'où la complexité des modèles climatiques. Bouger un seul paramètre peut être catastrophique, soit pour le climat, soit pour l'économie, soit pour la santé publique. Et personne n'est capable d'anticiper les conséquences d'une décision.

Par exemple, le passage à l'essence sans plomb accéléra le réchauffement climatique, le plomb dissous dans l'atmosphère réfléchissant une partie du rayonnement solaire[9]. On a gagné d'un côté, la santé publique, on a perdu de l'autre. C'est à ce moment qu'on entre dans le complexe.

Dans *Le cinquième pouvoir*, j'ai utilisé la métaphore du jeu de Mikado. Si, quand on lâche les piques en début de partie, certaines roulent hors du tas principal, on peut les bouger sans risque. La sécurité routière. Le problème de la peine de mort. Quand les piques se trouvent au cœur du tas, c'est une autre histoire. À ce moment, nous entrons dans la complexité, ce domaine où on ne peut plus traiter de chacune des piques indépendamment les unes des autres.

Dans le cas de la crise climatique, il existe à coup sûr des piques isolées. On peut aboutir à de petits mieux sans courir trop de risques. Interdire aux commerçants de distribuer des sacs jetables. Pratiquer la pesée les ordures ménagères et les faire payer au poids (même si on risque de voir jaillir des décharges sauvages). Imposer aux constructeurs automobiles de proposer dans toutes leurs gammes des modèles électriques à prix compétitif (peut-être pas si simple déjà). Mais il serait dangereux de croire que le problème climatique en général se réglera uniquement par des décisions unilatérales. Il existe des piques interdépendantes qui ne peuvent être déplacées sans catastrophes.

---

9   Leaded fuel helped our warming planet keep cool, *NewScientist*, 25 avril 2009.

Le Mikado donne une idée intuitive de ce qu'est la complexité. Les scientifiques, tant dans le domaine des sciences dures qu'humaines, ont découvert des méthodes objectives pour estimer si un système est complexe ou non. L'irréductibilité, autrement dit l'impossibilité de découper en sous-systèmes, correspond souvent à une invariance d'échelle. Quand on découpe le système, on se trouve toujours face au même problème (ou on casse le système au point qu'il est méconnaissable).

On peut remettre en question ces théories et dire que la complexité est une illusion due à notre incompétence. Mais *a priori* il s'agit de quelque chose de plus profond, si profond que toutes les sciences s'en trouvent aujourd'hui bouleversées. Les scientifiques restent attachés à la rationalité héritée des lumières tout en comprenant que la méthode cartésienne n'est pas toujours applicable.

Un fantastique espoir

Les limitations du modèle pyramidal tout comme l'arrivée des problèmes complexes nous forcent à imaginer de nouveaux modes d'organisation. Maintenant que nous ne pouvons plus dire que la branche A de la hiérarchie traitera du sous-problème A, que la branche B traitera du sous-problème B, la structure même des entreprises capitalistes s'en trouve remise en cause. Cette structure ne peut plus être la seule envisageable.

C'est un espoir fantastique pour tous ceux qui se sentent mal dans ces structures et un un coup terrible pour le capitalisme qui n'apparaît plus comme la solution universelle à tous les maux. On comprend pourquoi il traverse une crise. Incapable de prendre en compte la complexité humaine, il est aussi incapable de résoudre les problèmes complexes, problèmes qui comme la pauvreté ou les dérèglements climatiques nous menacent tous.

Pour atteindre son but de maximisation des bénéfices, il adopte la structure pyramidale qui implique la croissance alors que cette croissance n'est plus physiquement soutenable. Il a voulu que nous ressemblions tous à la grenouille qui veut se faire plus grosse que le bœuf. Manque de discernement. Comme le dit souvent Muhammad Yunus, nous sommes des êtres multidimensionnels. Et nous nous confrontons à des problèmes tout aussi multidimensionnels. Certains simples, d'autres décomposables, d'autres complexes, avec une gradation de problèmes hybrides à mi-chemin entre ces trois catégories.

Pour résoudre ces problèmes, nous devons imaginer diverses stratégies qui se traduisent par diverses structures sociales. Cette diversité de réponses reflète la diversité de nos caractères. Le capitalisme apparaît comme une réponse particulière applicable seulement dans certaines situations particulières. Se couler dans le moule du capitalisme et se positionner dans une hiérarchie n'est plus une obligation. Si nous en éprouvons le besoin, nous allons pouvoir nous épanouir dans d'autres formes d'organisations. Notre folie inventive est plus vitale que jamais.

Vers les rivages inconnus

Je ne veux pas changer la règle du jeu, je veux changer de jeu.

André Breton

C'est l'histoire de Quitterie, une jeune femme à qui on offre un poste de député européen, un privilège pour lequel les politiciens se battent comme des chiens, et elle dit non. Un non presque irrationnel, de l'ordre du prémonitoire, un non au système, un non à l'ancien monde, un non qui sonne comme une exhortation à une nouvelle forme d'engagement politique, à une nouvelle société, à une nouvelle civilisation. Un non qui devient un oui retentissant et qui pourrait devenir un cri de ralliement.

Nous sommes le mercredi 3 décembre 2008.

L'endettement des pays, des entreprises et des individus atteint 120 % du PIB mondial : 60 000 milliards de dollars, dont une grande part en créances irrécouvrables ! Après avoir prôné la rigueur monétaire pendant vingt ans, la Banque Centrale Européenne suggère « une injection massive de pouvoir d'achat dans l'économie », ce qui revient à accroître les déficits, donc les dettes, donc stimule la cause même du mal.

Bernard Madoff, l'ancien patron du Nasdaq, l'auteur de la plus gigantesque fraude financière de tous les temps, risque 150 ans de prison. Les tenants du libéralisme économique appellent au secours les États. Des milliards sortent de nulle part pour aider les banques et autant de milliards partent en fumée dans l'instant. Les indices boursiers ne cessent de s'effondrer, c'est la crise économique la plus sérieuse depuis 1929.

— Les salauds, disent la plupart des gens en même temps qu'ils voient le chômage augmenter. C'est toujours les mêmes qui s'en mettent plein les poches.

L'écœurement est à son comble. L'argent coule à flots pour sauver les banques, mais pas pour tirer les SDF de la rue, soulager les familles les plus pauvres, régler les problèmes écologiques, rénover le système éducatif... L'hypocrisie de ceux qui se prétendaient sans moyens pour sauver le monde de la misère éclate aux yeux de tous.

Il est près de vingt heures. Quitterie ne peut s'empêcher de penser aux mauvaises nouvelles qui s'accumulent jour après jour. Depuis qu'elle a pris le métro, ligne 13 en direction de la mairie de Saint-Ouen, elle n'a guère souri. Elle se demande à quoi bon consacrer une nouvelle soirée à discuter avec les militants du parti démocrate, le Modem, jadis appelé UDF, dont elle est membre depuis cinq ans. Elle se sent fatiguée, épuisée, dégoûtée.

Elle songe à ses deux garçons, Côme six ans et Marin quatre ans, qui ne tarderont pas à se coucher et qu'elle embrassera en silence tard dans la nuit. À son mari qui soutient son engagement politique. Au petit déjeuner du lendemain matin, où elle imposera le silence à toute sa famille pour ne rien manquer des informations et être capable de répondre à toutes les questions que les journalistes pourraient lui poser.

Le métro passe la station La fourche. Comme si elle avait froid, ou parce qu'elle sait que dehors il fait froid, Quitterie resserre autour de ses épaules sa veste de cuir, s'enroule dans une immense écharpe noire. Elle porte en dessous un bustier blanc, presque son uniforme de militante. Avec son jean moulant et ses bottes de rocker, elle a un petit côté BCBG tempéré par un regard espiègle.

Quitterie repense à son engagement politique. Elle a ça en elle, une marque dans son ADN. Chez les bonnes sœurs, elle a défendu les autres filles jusqu'à se faire renvoyer. Au Lycée, bien que cancre de la classe, elle est devenue déléguée. Après son école de commerce, elle a passé un an à vendre des tire-bouchons, des verres et des carafes de vin. Destin presque logique pour celle dont ses amis disent qu'elle est le seul point commun entre Mère Teresa et une bouteille de whisky. Mais bon, ça ne pouvait pas durer. Quel sens politique avait son action ? Elle s'amusait à rencontrer des cavistes et à goûter des grands crus, mais elle se sentait inutile. Ce qu'elle faisait n'avait aucune influence sur la vie des autres. C'était indifférent.

En 2002, à vingt-quatre ans, elle rejoint une association de solidarité et collabore avec des ONG comme Greenpeace, Les amis de la terre ou Max Havelaar. Avec eux, elle mène des campagnes d'éducation au développement durable. Il faut imaginer l'entrée d'une pépée parisienne, plutôt branchée, dans un HLM de Montreuil, au 2B comme on dit, sur le plateau des ONG où c'est cheveux gras, dreadlocks, tongs... Deux mondes se rencontrent.

Les nouveaux collègues de Quitterie sont des extrémistes dans leur genre. Hyper pointus sur les nouvelles énergies, les OGM, le commerce équitable, aigris à force de crier dans le vide, ils ont tendance à dénigrer ceux qui ne partagent pas leur vérité. Quitterie réussit à les persuader de vulgariser les messages afin de toucher le cœur des gens. Pour elle, les sentiments ont plus de poids que les arguments rationnels.

Depuis cette époque, elle commande dans les bistrots du vin bio ou de la bière bio, un peu trop sans doute, façon de calmer le stress. Même si le serveur ne peut pas satisfaire sa commande, le lendemain elle demande à nouveau du vin bio ou de la bière bio. C'est sa façon de faire de la politique pratique.

Quitterie est loin d'être parfaite. Elle fume des cigarettes qui n'ont rien de bio. Elle mange souvent sur le pouce sans se préoccuper d'où viennent le pain, le saucisson ou le fromage qu'elle engloutit sans modération. Ce régime alimentaire plutôt désordonné n'affecte pas sa ligne, pas encore. Le travail acharné la maintient en forme. Quitterie est fonceuse, compétitive, batailleuse, elle ne s'arrête jamais.

Au 2B, tout le monde est politisé : anarchistes, écolos, gauchistes ou socialistes. Un jour, la carte d'identité de Quitterie circule sur le plateau. Quitterie Galouzeau de Villepin, c'est son nom de jeune fille. Ses collègues prennent conscience que Quitterie a le même visage acéré que Dominique de Villepin, alors ministre des Affaires étrangères de Jacques Chirac, admiré pour ses discours à l'ONU contre la guerre en Irak, mais de droite. Scandale. Une ennemie dans la demeure.

Quitterie n'a croisé qu'une fois Villepin, un cousin issu de germain. Le calme revient, mais Quitterie reste agitée. Au même moment, elle se plonge dans le livre d'Ingrid Betancourt, *La rage au cœur*. Quand elle allume la TV, lit la presse, écoute la radio, elle a la rage. Avec quelques années d'avance, elle aurait pu chanter la chanson écrite plus tard par Keny Arkana : « Parce qu'on a la rage, on restera debout quoi qu'il arrive, La rage d'aller jusqu'au bout et là où veut bien nous mener la vie, Parce qu'on a la rage, on pourra plus s'taire ni s'asseoir dorénavant on s'tiendra prêt parce qu'on a la rage, le cœur et la foi ! »

Comme Keny Arkana, Quitterie ne supporte plus ce qu'elle entend et voit de ce monde qui s'autodétruit, il lui faut se battre, il lui faut s'engager, participer à « la révolution mondiale et spirituelle. » Elle ne voit qu'une solution entrer en politique, prendre la carte d'un parti, militer, se faire élire, changer les lois. Mais à qui se rallier ?

Elle consulte le père de Dominique de Villepin, le meilleur ami de son grand-père décédé. Il lui ouvre les portes de l'UMP. Non, Quitterie ne se sent pas de droite. Elle admire les entrepreneurs, mais le libéralisme aveugle de la droite lui déplaît. Elle ne peut pas plus s'encarter dans un parti de gauche, trop souvent pleurnichard, trop souvent à revendiquer et à bloquer les changements. Les Verts la tentent, mais ils sont en décomposition. Par ailleurs, elle n'oublie pas que, si elle rejoint la gauche, elle se fâche avec certains de ses amis et parents. Si elle rejoint la droite, elle se fâche avec ses collègues des ONG. Elle choisit le centre de François Bayrou. Il peut devenir une plateforme pour les meilleures idées d'où qu'elles viennent.

Dans une ville, les trottoirs de gauche et de droite appartiennent à tout le monde. Les dérèglements climatiques ne sont pas plus de droite que de gauche. Pour Quitterie, la lutte des hommes contre la surchauffe planétaire qu'ils ont eux-mêmes provoquée succède à la lutte des classes. Elle désire établir le dialogue entre toutes les femmes et tous les hommes de bonne volonté. C'est ainsi qu'elle rejoint l'UDF, le 4 octobre 2003, et que sa carrière politique débute, avec un premier rêve, aider les ONG. Elle en a assez de voir toujours les mêmes récolter tous les budgets, cela parce qu'ils sont les plus anciens et les mieux implantés.

Alors que le métro tressaute en passant la porte de Saint-Ouen, Quitterie songe à ses premiers faits d'armes chez les centristes. Le jour de son adhésion, à la fin de la réunion, elle fait remarquer à un élu qu'il n'y a ni jus de fruits bio ni café bio au buffet. Un peu hypocrite Quitterie? Comme s'il lui arrivait de boire un jus de fruits lors d'un cocktail? En tout cas, elle parle de l'économie sociale et solidaire, elle insiste sur l'importance du phénomène.

Un mois plus tard, elle se retrouve animatrice du groupe des étudiants de Paris. Que des Science Po. Que des mecs. Après trois heures de réunion où elle n'ose leur parler, impressionnée par leurs connaissances, leurs théories de la macro-économie, elle leur demande ce qu'ils comptent faire concrètement. Le blabla c'est bien beau, mais le monde ne changera pas tout seul. Grand blanc. Lors de la réunion suivante, *bis repetita*. Au bout de deux heures, Quitterie interrompt les parlotes. Elle demande à nouveau aux étudiants ce qu'ils comptent faire. Ils décident d'écrire un tract et elle découvre les rouages administratifs, presque kafkaïens dans lesquels s'empêtrent les militants.

Six mois après son adhésion, les hommes du député-maire André Santini lui proposent une place sur la liste pour les élections régionales 2004. Dès lors, certains vieux militants la détestent parce qu'elle a obtenu en un rien de temps ce dont ils rêvent depuis des années. Elle découvre les chapelles, les conclaves, participe à des dîners secrets où des coups d'État se préparent. Malgré ce côté obscur de la politique, et sans doute de la nature humaine, Quitterie déploie une belle énergie tout en cachant qu'elle était enceinte de Marin.

À l'occasion du référendum européen de 2005, l'équipe de François Bayrou lui propose un poste à plein temps au siège du parti. Elle devient attachée parlementaire. À vingt-sept ans, Quitterie rejoint les rangs des professionnels de la politique. Elle n'en conserve pas moins la rage. La crise des banlieues de novembre 2005 lui apparaît non comme la révolte d'une minorité, mais comme le cri d'angoisse d'une génération déboussolée.

Pour Quitterie, la solution à ce problème et bien d'autres ne dépasse les clivages. Au café Bourbon, en face de l'Assemblée nationale, elle organise des rencontres entre les jeunes de tous les partis. Ils sont en phase sur presque tout, ils partagent les mêmes valeurs, les mêmes espoirs. Ils souffrent également du prix exorbitant des loyers, de la pollution, de la mauvaise humeur générale. Ils deviennent amis malgré leur camp respectif, ils forment une entité libre, sans représentant, sans chef, sans lutte de pouvoir.

Quitterie milite alors pour le RSE (Responsabilité Sociétale des Entreprises) initié par l'Alliance pour la planète. Intégrer au développement économique les préoccupations sociales et environnementales ne constitue pas un sujet de discordes entre les jeunes militants de tout horizon. Ils savent que pour assurer la survie d'une humanité composée de bientôt neuf milliards d'humains, il faut inaugurer de nouvelles pratiques. La croissance à tout prix n'a plus beaucoup de sens. Leurs solutions pour l'avenir diffèrent, mais leur volonté, leur ambition, leurs objectifs se confondent. Plus Quitterie parle avec eux, plus elle sent qu'il existe une manière coopérative de faire la politique.

Mais la vieille logique la rattrape. En 2006, lorsqu'elle constate qu'un seul candidat se présente au poste de représentant des jeunes du parti, elle se lance en campagne, avant tout pour que la démocratie interne fonctionne. Les cadres, notamment l'incontournable Marielle de Sarnez, tentent de la dissuader. L'adversaire de Quitterie est Jean-Yves de Chaisemartin, le fils d'un des actionnaires du magazine *Marianne* et ancien PDG du *Figaro*. Elle reçoit des menaces, certains de ses colistiers sont découragés ou débauchés par des députés, des maires ou d'autres personnalités, mais elle persévère, découvrant la puissance d'Internet et des blogs.

Finalement, elle perd, mais de 38 voix sur près de 900. Ses adversaires ont fraudé. Le principal intéressé, Jean-Yves de Chaisemartin, n'est pas responsable, mais que ses supporters trop zélés ont truandé le système de vote électronique. Jean-Yves, lui, n'a aucune preuve explicite de la magouille. D'autant que la démocratie interne ne le préoccupe guère. Pour lui, les élections internes dans un parti n'ont aucune importance. On entre dans un parti pour se présenter devant les Français. C'est ainsi que se fait la politique, que la légitimité se gagne. On n'entre pas dans un parti pour se présenter en interne et voter en interne. Pour quelle raison le parti se structurait-il comme l'ensemble de la société ? Est-ce qu'une entreprise se structure comme l'ensemble de la société ? Non, pas plus qu'un club de foot ou qu'une bande d'amis.

Jean-Yves veut se battre pour que les représentants du peuple représentent effectivement le peuple. Voter ne suffit pas. Si on n'a le choix qu'entre deux candidats, on n'a pas réellement le choix de son représentant. On a beau voter pour le Président de la République, on vote surtout pour qui on nous dit de voter. Pour Jean-Yves, la démocratie n'est possible qu'avec la mise en place d'une réelle représentativité, c'est-à-dire la mise au vote de tous les postes représentatifs avec non-cumul des mandats. Il juge la France arriérée de ce point de vue. Par exemple, le peuple n'élit pas plus les représentants des agglomérations ou des communautés de communes que les sénateurs. La représentation est confisquée.

François Bayrou finit par imposer le calme. Il promet à Quitterie des temps meilleurs et lui conseille de prendre des vacances. Elle sort de cette mésaventure avec un mauvais sentiment. L'argumentation théorique de Jean-Yves brouille les esprits. Pour elle, la démocratie commence avec le droit pour chacun de donner son avis et d'être entendu. Elle découvre que les jeunes politiciens ressemblent à leurs aînés. Il existe si peu de places pour eux dans la hiérarchie qu'ils sont prêts à s'entretuer pour des miettes de pouvoir. C'était soi-disant les règles du jeu. Elle les accepte dans l'espoir de les changer. Elle en fait son premier objectif politique.

Quitterie a ouvert un blog durant sa campagne, Des jeunes libres de s'engager. Elle continue de s'y exprimer. À partir de l'automne 2006, tous les derniers mercredis soirs du mois, elle se rend au Pavillon Baltard, près de la Bourse de Commerce dans le quartier des Halles. Elle y retrouve ses amis du café Bourbon et un aréopage de blogueurs, tantôt engagés dans les partis, tantôt francs-tireurs, parfois altermondialistes, décroissants, libertaires, souvent même inclassables.

Quitterie découvre une nouvelle fois avec quelle facilité il est possible d'outrepasser les barrières partisanes. Elle se laisse séduire par les discours révolutionnaires qui annoncent la fin du capitalisme et la crise financière. Elle met des mots et des idées sur certaines de ses propres pratiques. Dans le parti, elle occupe une petite case dans un vaste organigramme pyramidal, dès qu'elle en sort, elle participe à un réseau au cœur duquel elle noue de plus en plus de contacts. Quelques blogueurs font d'elle leur égérie. Les journalistes, qui craignent que la présidentielle 2007 se jouent sur Internet, ne manquent pas de la remarquer. Quitterie prend en quelques mois une belle stature médiatique ce qui enrage ses collègues. Sur les plateaux TV, elle symbolise le sang neuf en politique. Elle se bat pour les jeunes, pour la transparence, la démocratie.

Alors qu'elle s'est démenée sur le terrain dans le treizième arrondissement de Paris, Marielle de Sarnez refuse qu'elle se présente aux législatives 2007 dans cette circonscription. On lui propose de la parachuter ailleurs, elle refuse. C'est son premier non. L'année suivante, Marielle lui propose une position avantageuse sur la liste des municipales de Paris avec la certitude d'obtenir un poste de conseiller rémunéré. Quitterie n'a toujours pas digéré le désaveu des législatives, elle dit une seconde fois non. Enfin, en juillet 2008, François Bayrou, patron incontestable et incontesté du parti, lui promet une tête de liste aux élections européennes de 2009. Même en ne récoltant que peu de voix, elle serait à coup sûr élue. À elle la belle vie. Un salaire confortable de 7 000 euros mensuels, déplacements payés et autres avantages. Mais c'est trop beau.

Quitterie s'est battue pour la transparence et la démocratie et elle bénéficie du fait du prince. Quelque chose ne passe pas. Si elle se présente, elle renie ses valeurs. Son trouble s'amplifie quand elle comprend le programme ne sera pas débattu. Le prince proposera et les militants le suivront.

Quitterie s'imagine en tête de liste, en meeting, en débat, en train de dire pour la première fois des choses auxquelles elle ne croit pas. Approuver par exemple le traité de Lisbonne imposé contre le vote populaire. Jusque là, dans son blog, dans les médias, dans les cafés démocrates, elle disait exactement ce qu'elle pensait. Personne ne la briefait. Elle comprend que si elle accepte la tête de liste, c'en est fini de sa liberté.

Le 3 décembre 2008, lorsqu'elle quitte le métro à la mairie de Saint-Ouen, ces souvenirs et ces idées se bousculent dans sa tête. Elle allume une cigarette, traverse la rue et fonce vers La Rotonde, une brasserie aux tentures rouges et à la façade décrépie à l'angle du boulevard Jean Jaurès et de la Place de la république. Elle arrive avec quelques minutes d'avance. Une amie, célèbre blogueuse, Zora la Rousse, vient la saluer sans s'attarder. Zora n'est pas encartée. La propagande ne l'intéresse pas. Quitterie la comprend. À ce moment, son téléphone sonne. C'est Yann Wehrling, ancien secrétaire général des Verts.

— Je viens d'adhérer au Modem, annonce-t-il.

Quitterie ne saute pas de joie. Elle est même malheureuse. Elle sait que Yann veut faire de la politique autrement. Sans réfléchir, elle lui répond :

— Tu arrives, quand je m'en vais.

Les militants entrent les uns après les autres dans La rotonde. Les discussions commencent. Quitterie écoute et ne parle pas. Elle éprouve un immense sentiment de solitude.

— Mais qu'est-ce que je fais ici ? se dit-elle.

Les regards se tournent vers elle, elle ne parle toujours pas. Les militants attendent d'elle ce qu'elle n'est plus capable de leur dire. Que l'Europe, c'est merveilleux. Que le parti, c'est merveilleux. Que la politique, c'est merveilleux.

Virginie Votier, son inséparable amie, partenaire de tous les combats depuis 2003, elle-même fille de Marie José Votier, cadre du parti, observe Quitterie. Elle sent que quelque chose est en train de se casser.

— Elle n'est plus avec nous, se dit-elle. Ce dont nous parlons ne l'intéresse pas. Elle pense à autre chose.

Après plus de deux heures de débat, Virginie comprend que plus rien ne va. Ce n'est plus la Quitterie militante qui se trouve à La Rotonde, encore moins la tête de liste d'une élection européenne, c'est une autre Quitterie, déjà très loin. Virginie a l'impression qu'une vague entraîne son amie vers le large. La Quitterie qu'elle a connue, celle avec laquelle elle a participé à tous les combats pour les jeunes, lui devient étrangère. Virginie éprouve un sentiment de tristesse égal au sentiment de solitude de Quitterie qui finit par avouer le fond de sa pensée :

— Vous pouvez discuter autant que vous voudrez des institutions, de l'Europe, du non-cumul des mandats, de la démocratie, ce n'est pas comme ça que vous changerez le monde. Aujourd'hui, il n'y a que nos actes qui comptent.

Gandhi a dit : « Vous devez être le changement que vous voulez voir dans ce monde. » Quitterie s'est approprié cette célèbre citation. Quand elle organisait au café Bourbon les rencontres entre les jeunes de tous les partis, elle induisait déjà les changements qu'elle voulait voir dans le monde. Elle n'attendait pas d'être élue pour faire de la politique, elle ne quémandait rien aux élus, elle agissait. Maintenant elle suggère la même chose aux militants qui la regardent médusés.

Virginie comprend que c'est fini. Quitterie le comprend aussi sans avoir besoin de réfléchir, par instinct, guidée par son intuition. Comme traversée d'une vision prémonitoire, elle se voit au bord d'un précipice. Un pas de plus et elle plonge, elle en prend pour vingt ans et après il sera trop tard. Non, elle ne sera pas candidate aux élections européennes.

Beaucoup de gens lui avaient dit que c'était la chance de sa vie. Qu'elle s'ouvrait un destin extraordinaire. Ses amis des ONG lui avaient adjoint de se présenter. Ils avaient besoin d'elle à Bruxelles pour appuyer leurs idées. Tout le monde lui conseillait d'y aller. C'était une chance d'accumuler en cinq ans une immense expérience. Une fois élue, elle pourrait dire ce qu'elle voudrait.

Non, ce soir glacial de décembre 2008, Quitterie pense à tous ceux qui l'ont soutenue. Aucune des valeurs qu'elle veut incarner en politique n'ont présidé à sa nomination. Pas de vote. Pas de débat. Pas de transparence. Au contraire, elle bénéficie d'une décision de François Bayrou qui gère son parti comme une entreprise. En soit, rien d'extraordinaire, tous les patrons font la même chose, mais Quitterie rêve d'autres mécanismes décisionnels, plus concertés, plus ouverts, plus participatifs.

— Ce n'est pas jouable, se dit-elle.

Si elle accepte le fait du prince, elle donne du poids à ses adversaires. En quittant La Rotonde, elle fume cigarette sur cigarette. Ses amis qui la ramènent à près de minuit en voiture fument aussi comme pour cacher leur chagrin dans la brume. Tous savent que Quitterie n'est plus tout à fait avec eux.

Elle se remémore quelques-unes des personnalités politiques qu'elle a croisées durant les cinq dernières années. Elle ne veut pas leur ressembler. Elle ne veut pas devenir chantre de la démocratie à la TV et une fraudeuse à l'intérieur de son parti. Elle ne veut pas devenir méchante, parano, effrayée à l'idée de la trahison d'un proche. Elle sent que sa place est avec ses amis. Avec

Aliette chez qui elle achète son poisson. Avec ses collègues de bureau. Avec les gens avec qui elle discute au café Bourbon ou ailleurs. Avec sa famille. Elle veut changer le monde avec eux, pas depuis Bruxelles.

Moins d'une semaine plus tard, Quitterie adresse un mail à François Bayrou pour lui annoncer sa démission. Il ne veut pas l'entendre, il prend la décision à la rigolade, puis s'énerve, lui demande ce qu'elle désire encore, lui conseille à nouveau de prendre des vacances. Pour la première fois, elle parle réellement politique avec lui. Elle lui répète qu'il a déçu ses attentes et celles d'une foule de militants. Elle ne l'accable pas, elle lui reste attachée. Seulement, comme toutes les personnalités politiques de sa génération, il est le fruit d'un système à transformer. Elle veut tenter autre chose, non pas en concurrence, mais en parallèle, suivant une autre route.

Pendant qu'elle parle à François Bayrou, elle l'imagine Président de la République. Elle reste persuadée qu'il serait digne de la tâche et à la hauteur des responsabilités. Elle sait qu'elle aurait alors un poste près de lui, mais elle sait également que les apparatchiks auraient aussi des postes. Elle ne veut pas de ça pour la France, elle ne veut pas les cautionner, elle ne veut pas les accompagner.

— Ces hommes ont les mains sales, dit-elle à ses amis. Pour se maintenir près du pouvoir, il faut tricher, il faut trahir, c'est la règle du jeu. Nous sommes gouvernés par des gens comme ça.

Non, Quitterie n'est pas naïve. Elle découvre ce que tout le monde pense tout bas, mais elle le découvre de l'intérieur après avoir rêvé de changer les règles du jeu. Elle s'est donné une chance, elle ne pourra se reprocher de ne rien avoir tenté. Il est temps de regarder ailleurs. Nous devons nous changer nous-mêmes puis changer le monde comme le suggéra Gandhi. La révolution est d'abord psychologique.

Après cet entretien avec François Bayrou, le 17 décembre 2008, Quitterie ne communique plus. Elle réfléchit à l'avenir. Le 6 février 2009, un article du *Monde* évoque son départ du parti et elle sort de son mutisme. Le lendemain, elle publie sur son blog un manifeste qu'elle adresse à sa génération. On comprend alors qu'en disant non au système, Quitterie a dit oui à une autre forme d'engagement.

Elle explique sa décision tout d'abord de façon presque irrationnelle. Sa peur de se perdre. Sa peur de devoir mentir. Sa peur de lancer des promesses intenables. On finit par deviner que la goutte d'eau qui a fait déborder le vase n'est pas vraiment la politique magouille qui se donne trop souvent en spectacle à la TV. Quitterie s'en était accoutumée, même plutôt bien, puisqu'elle avait atteint le sommet de son parti. Au fond, elle ne dit pas non à tout cela, c'est une sorte de fatalité inhérente au système. Quitterie ne dit pas non, elle dit oui à autre chose. Le ton de son texte s'altère peu à peu, elle annonce qu'il faut s'engager dans une nouvelle voie :

« Décrocher. Penser différemment, sortir du cadre. Se donner les moyens de faire de la politique comme nous le voulons. Se donner les moyens de construire l'alternative. Se donner les moyens de la transition que seuls nous pouvons prendre en charge. Ça n'existe pas ? Très bien, inventons. »

Quitterie n'a pas renoncé à la politique bien au contraire. Mais où veut-elle en venir ? Elle lance un appel à tous ceux qui dans la société civile, les entreprises, les partis, les syndicats... veulent inventer un nouveau monde, des nouveaux mondes.

« Ces femmes et ces hommes libres sont connectés, il faut accélérer ces connexions, ces synergies, ces créations de richesses, ces échanges culturels, ces mutualisations, ces nouvelles règles du jeu, économiques, financières, sociales, médiatiques, environnementales. Nous sommes les seuls à pouvoir prendre en main la phase de transition, ce passage à une nouvelle société. Et nous avons besoin de certains de nos aînés, prêts à nous accompagner et à nous transmettre leurs valeurs. »

N'est-ce pas un appel indirect à François Bayrou, à l'homme ? Plutôt que poursuivre un poste qui lui permettrait hypothétiquement d'agir, Quitterie prône l'action immédiate, pas la révolution, mais l'engagement constructif.

Elle ne rêve plus de représenter qui que ce soit et de devenir le fer d'une lance portée par des milliers d'autres personnes. Elle veut faire des choses concrètes avec les gens qui l'entourent. Elle veut être la pointe de sa propre lance. Suivant l'adage, les petits ruisseaux font les grandes rivières, elle veut passer de la représentation à l'action, de la démocratie représentative à la démocratie de terrain. Elle a cessé de rêver à la démocratie idéale où chacun donnerait son avis, cette démocratie participative dont Ségolène Royal s'était fait la championne lors de la présidentielle 2007. N'y a-t-il pas une façon beaucoup plus simple de mettre en œuvre la démocratie, une démocratie de personne à personnel ?

Quitterie se persuade que c'est possible, elle ne sait pas encore comment, elle a juste confiance. Elle sait qu'elle souffrira, qu'elle devra changer de costume, se remettre en question, se retrousser les manches, mettre les mains dans le cambouis. Le marketing politique tout comme la politique marketing ne l'intéressent plus.

« Ne plus rien déléguer. Agir, faire, nous-mêmes. Ne plus compter sur eux, ils font ce qu'ils peuvent avec leur compréhension du monde. Compter sur nous. Moi, je compte sur vous. Se concentrer. Sur ce qui est possible. Là où nous avons la main. Sans compromis. En commençant par remettre tout en cause. [...] Je suis aux côtés des millions de femmes et d'hommes qui sont en train de construire la transition, en inventant de nouvelles entreprises, de nouvelles banques, de nouveaux lieux d'échange. Dans nos immeubles, dans nos quartiers, dans notre pays, dans le monde. »

Qu'entend Quitterie par transition ? Elle évoque la naissance d'une nouvelle civilisation qui serait en train de germer dans la nôtre, une civilisation nouvelle, jeune, que nous serions de plus en plus nombreux à construire. Avec l'âme d'une exploratrice, elle veut défricher les terres vierges dont elle a deviné l'existence à force de fréquenter ses amis des ONG et de dépasser les frontières partisanes.

Pour elle, un autre monde est possible et nous n'avons guère d'autres choix que de nous y risquer. Les politiciens ne s'y hasarderont pas, car ce monde ne s'invente pas pour eux, il s'invente même sans eux, sans leurs émoluments. C'est un monde encore trouble, imprécis, mal cartographié, dangereux sans doute. Il est facile de s'y perdre, d'y prendre peur, de le fuir pour revenir dans le monde familier et confortable.

Quitterie anticipe qu'elle peut changer d'avis, qu'elle peut renier son reniement, qu'elle peut finir par accepter un poste à Bruxelles ou ailleurs. François Bayrou n'en doute pas d'ailleurs.

— Elle a choisi une forme de militantisme autre que politique, c'est un choix respectable, déclare-t-il publiquement. Je n'ai pas de doute que nous nous retrouverons.

Mais qu'est-ce que la politique ? Est-ce seulement gagner une élection ? Hervé Torchet, un admirateur inconditionnel de Quitterie écrit alors : « Bayrou veut devenir. Il veut devenir Président. Quitterie veut faire. »

Nous n'avons pas besoin d'être élus pour faire de la politique. Les membres des associations le prouvent tous les jours, tout comme les entrepreneurs qui mettent en œuvre une économie sociale et solidaire en même temps que respectueuse de la planète. Nous faisons tous, à notre échelle de la politique quand nous installons le chauffage solaire chez nous, quand nous consommons bio, quand nous choisissons une banque éthique, quand nous évitons de prendre la voiture… Siéger à une assemblée, devenir maire ou Président n'est qu'un engagement parmi d'autres.

Quitterie en est convaincue. Elle veut tenter l'aventure d'un autre engagement, sans savoir comment, mais avec l'intuition d'une myriade de possibilités nouvelles.

— Certains se perdront sur cette voie, mais nous finirons par trouver un passage vers un nouvel état du monde. L'accumulation des expériences finira par engendrer un mouvement irréversible.

Quitterie reçoit des centaines de mails, des centaines de commentaires sur son blog, on parle d'elle dans les forums, sur Facebook, sur Twitter. Des encouragements, des insultes. Un anonyme qui semble bien la connaître professe une critique terrible : « C'est elle aussi une « fille de », gamine Galouzeau de Villepin, qui boit de la bière bio dans son jean moulant, tout en fumant clope sur clope, et qui aura bientôt son cancer. C'est un peu un Gandhi qui serait boulimique et dirait aux autres de faire la grève de la faim. J'aimerais des gens qui se gouvernent eux-mêmes, qui font les choses eux-mêmes, et pas juste des intermédiaires qui disent ce qu'il faudrait que soit la société. »

Comme en réponse à ce commentaire, presque dans l'anonymat, Jean-Yves de Chaisemartin, l'ancien adversaire de Quitterie chez les jeunes centristes, se démène. Depuis deux ans, le nouveau maire de Paimpol dans les Côtes-d'Armor a lancé une entreprise qui cultive des algues. Son but : produire des protéines sans utiliser l'eau potable. Sa technologie pourrait aider l'Afrique notamment à gagner son indépendance alimentaire même dans le cas d'une crise de l'eau.

Comme Quitterie, Jean-Yves a lui aussi quitté le parti, guère satisfait par la structure du mouvement. Il a lui aussi refusé d'être député européen. Convaincu que le cumul des mandats est le mal principal de la démocratie, il ne pouvait trahir son idéal. Pour lui, quand on occupe plusieurs postes de représentants, on ne représente plus rien. Il y a confusion entre des intérêts souvent incompatibles.

Jean-Yves a estimé qu'il serait plus efficace en restant dans sa ville, dans son entreprise où il invente concrètement l'avenir, cet avenir qui le passionne. Malgré son diplôme complémentaire à Science-Po, Jean-Yves reste un jeune ingénieur, un technicien qui rêve de trouver des solutions, d'inventer, d'améliorer. Il ne veut pas tant changer le monde que le faire avancer pour que nous y soyons plus heureux. Il pense que c'est à chacun de le faire, à son niveau, dans ses activités profession-nelles, associatives et, y compris, politiques.

Comme François Bayrou, il a l'impression que Quitterie renonce à cette voie ou plutôt qu'elle veut changer le système de l'extérieur alors que lui reste confiant qu'on peut le faire de l'intérieur, comme si le système pouvait se réformer lui-même. Jean-Yves n'appartient plus à aucun mouvement politique traditionnel, mais il sait que, le moment venu, il retrouvera une place dans l'un d'entre eux. Quitterie, elle, ne croit plus à cette approche. Quand ses amis, ses partisans, même des personnalités connues comme l'ancien patron du WWF, lui ont demandé de créer un nouveau parti, elle leur a signifié que les partis n'étaient plus capables de transformer la société.

— Laissons les élus faire leur travail, essayons autre chose, inventons autre chose, en parallèle, dit-elle.

Un peu comme au café Bourbon ou avec ses amis blogueurs, elle rêve d'un mouvement organique plutôt qu'organisé. Une force qui transcende les positions des uns et des autres. Un commentateur a résumé la situation en citant l'*Éloge de la fuite* d'Henri Laborit :

« Quand il ne peut plus lutter contre le vent et la mer pour poursuivre sa route, il y a deux allures que peut encore prendre un voilier : la cape (le foc bordé à contre et la barre dessous) le soumet à la dérive du vent et de la mer, et la fuite devant la tempête en épaulant la lame sur l'arrière avec un minimum de toile. La fuite reste souvent, loin des côtes, la seule façon de sauver le bateau et son équipage. Elle permet aussi de découvrir des rivages inconnus qui surgiront à l'horizon des calmes retrouvés. Rivages inconnus qu'ignoreront toujours ceux qui ont la chance apparente de pouvoir suivre la route des cargos et des tankers, la route sans imprévu imposée par les compagnies de transport maritime. »

Quitterie se révolte contre l'idée reçue selon laquelle on change le monde à travers les partis politiques. Non. Ils n'ont d'autre but que d'amener des hommes et des femmes au pouvoir. Conçus pour la bataille électorale, ils ignorent l'art de la gouvernance, l'art le plus noble de la politique. Changer le monde, ou plutôt le construire, demande un engagement quotidien de chacun de nous. Il est temps de cesser de critiquer les gens au-dessus de nous, il est temps de cesser de se plaindre, il est de temps de se retrousser les manches, il est temps d'imiter Jean-Yves de Chaisemartin et d'agir concrètement.

« Nous sommes nombreux à partager les mêmes idées, le même espoir et nous sommes à gauche, à droite, au centre et ailleurs. Nous sommes partout, écrit un autre commentateur. »

Si Quitterie avait dit oui à François Bayrou, oui à la députation, elle aurait fait ce qu'on attendait d'elle. Rien d'extraordinaire en fin de compte. Elle aurait été une députée parmi d'autres comme on peut être un ministre parmi d'autres. En disant non, elle a dit oui à la transition. Elle a fait ce choix du fond du cœur, par instinct, poussée par une force tellurique. Avec franchise.

Avec ses tripes, mais sans nier son ADN tourné vers la politique.

Quitterie a agi par conviction sans songer que son non pouvait devenir un appel. Elle n'a pas orchestré son départ du parti. Elle n'a pas planifié son avenir politique. Elle ne fait que le pressentir en même temps qu'elle devine d'autres possibilités existentielles. Sans cette conscience indistincte, floue, à préciser au fil des rencontres, elle n'aurait peut-être pas dit non. Mais l'espoir l'a maintenant gagné. Malgré elle, parce qu'elle est ce qu'elle est, une politicienne née, elle agite son étendard et montre la direction. Sans même y croire, encore moins l'espérer, par-devers elle, elle entraîne peut-être par son propre mouvement les changements auxquels elle aspire.

Un mois plus tard, François Bayrou n'en revient toujours pas du courage de Quitterie. Lui aussi lui conserve toute son affection. Assis dans son bureau de la rue de l'Université à Paris, devant sa bibliothèque, avec tous les livres qu'il aime tant et qui l'inspirent, il sourit avec tendresse. Lui aussi ne doute pas de la possibilité d'une nouvelle civilisation. Il a donné sa vie pour elle. Mais pour lui elle ne peut se construire que par la démocratie, une démocratie nécessairement représentative.

Il se souvient de sa jeunesse quand il était militant non violent dans la lignée de Gandhi et de Lanza del Vasto. En 1974, alors qu'il campait sur le Larzac, il croyait à l'autogestion, il croyait que les hommes pouvaient se gérer eux-mêmes. Il n'y croit plus. L'expérience lui a appris qu'il faut des leaders. Non pas des managers, des leaders qui entraînent les autres et qui sont capables de leur insuffler de l'enthousiasme.

Pour François Bayrou, en démocratie, les leaders émergent au cours des élections. Mais Quitterie aspire à autre chose. Gandhi était un leader et il n'a jamais été élu. Si des autocrates dirigent certaines entreprises, des leaders en stimulent d'autres. L'élection n'est qu'un révélateur parmi d'autres.

Si, comme le devine Quitterie, le monde change à tel point qu'il ne peut plus être assimilé à l'ancien monde, il faut l'accompagner de nouvelles pratiques, plus réactives, plus dynamiques, plus consensuelles, plus transparentes, plus ouvertes… Quitterie a fait du chemin depuis son combat pour la démocratie interne dans son parti. Elle rêve d'une démocratie immédiate, permanente, de proche en proche, de proximité.

François Bayrou sourit encore. Il se dit que le monde ressemble à un arbre, il change lentement. Pour lui, depuis 2500 ans, les hommes sont restés les mêmes. Il ne veut pas entendre les prophètes qui annoncent la révolution la plus gigantesque depuis la sédentarisation de notre espèce. Non, il croit à la continuité, à la force tranquille. Les crises se suivent et le monde se succède à lui-même, à peine différent. D'ailleurs à chaque génération, des oracles annoncent l'écroulement final et la vie continue, même malgré des guerres atroces. La fin du capitalisme, de la société de consommation, de la démocratie représentative… tout ça serait utopique.

François Bayrou entend Quitterie quand elle lui parle de la détresse morale et spirituelle de sa génération. Mais là encore, peut-être parce qu'il est croyant, il pense que ces problèmes ne se résolvent que par une conversion intérieure qui n'est pas du ressort du politique. Et si c'était cette conversion que Quitterie appelait ? Non pas une conversion d'un Dieu à un autre, mais plutôt d'une absence de spiritualité à une spiritualité tournée vers l'homme.

Quitterie a le désir, inavoué et inavouable, d'insuffler le changement au plus bas niveau de la société, à son niveau personnel et à celui de ses parents, de ses voisins, de ses amis… dans l'espoir que ce changement se propage de proche en proche. Pour François Bayrou, il s'agit d'un rêve de jeunesse. D'un espoir insensé que lui-même a pu jadis partager, mais dorénavant jugé illusoire.

Le monde change-t-il lentement comme un arbre qui pousse au fil des saisons ou de brusques révolutions peuvent-elles le chambouler ? Quitterie ne sait pas trop. Elle imagine un météorite qui viendrait précipiter les bouleversements climatiques comme au temps des dinosaures. Mais les crises de cette ampleur sont exceptionnelles. Les hommes en rêvent par goût pour l'aventure plus qu'ils ne les vivent. Nous aimons les histoires, nous voulons que nos vies soient des histoires.

Au-delà de ces chimères, Quitterie ressent tout de même une force profonde. Elle a la sensation qu'une rumeur gronde dans la société, s'agite au tréfonds de chacun de nous. Et si le changement était déjà advenu ? Et si simplement nous étions incapables de le voir ? Cette force nouvelle et indistincte n'a-t-elle pas déjà poussé Quitterie à dépasser les vieux clivages politiques ? Si son instinct ne la trompe pas, son non pourrait devenir symbolique d'un choix que des millions de gens ont effectué en même temps qu'elle, souvent même avant elle, et que des millions d'autres s'apprêtent à répéter.

Pendant ce temps, Jean-Yves de Chaisemartin travaille dans son usine d'algues. Il construit à Paimpol un centre pour favoriser les énergies renouvelables de la mer et il pense souvent à la fameuse phrase de Jaurès : « Le courage, c'est d'aller à l'idéal et de comprendre le réel. »

Une autre phrase, de Brel cette fois, lui sert de leitmotiv : « L'avenir dépend des révolutionnaires, mais se moque bien des petits révoltés. »

Où ranger Quitterie ? Et avec eux, les hommes et les femmes qui refusent des carrières prometteuses, les entrepreneurs qui refusent que leur société grandisse, les sportifs qui refusent la compétition aveugle. Révolutionnaires ou révoltés ? Visionnaires ou idéalistes ? Des gens comme eux ont toujours existé. De Henry David Thoreau à Christopher McCandless décrit par Jon Krakauer dans *Into the Wild*, des hommes et des femmes ont dit non pour mener une autre vie. Quelque chose toutefois semble aujourd'hui différer. Ce mouvement jadis marginal devient peut-être de grande ampleur. Tous ces nonistes ne fuient pas la société. En véritables pionniers, ils la réinventent de l'intérieur.

Imprimé le 23 novembre 2017.

www.ingramcontent.com/pod-product-compliance
Lightning Source LLC
Chambersburg PA
CBHW031321250726
48656CB00005B/1906